文化价值观与国富国穷

[瑞士]托马斯·格兰琴（Thomas Grandjean）
[新加坡]谭竞辉（ChinHwee Tan） 著
刘丹 译

新 华 出 版 社

图书在版编目（CIP）数据

文化价值观与国富国穷 / (瑞士) 托马斯·格兰琴, (新加坡) 谭竟辉著；
刘丹译. -- 北京：新华出版社,2022.10
书名原文: Values at the Core: How Human Values Contribute to the Rise of Nations
ISBN 978-7-5166-6472-8

Ⅰ. ①文… Ⅱ. ①托… ②谭… ③刘… Ⅲ. ①文化哲学－价值论(哲学)－关系－经济发展－研究 Ⅳ. ①G02 ②F061.3

中国版本图书馆CIP数据核字（2022）第179185号

文化价值观与国富国穷

作　　者：[瑞士] 托马斯·格兰琴　[新加坡]谭竟辉
译　　者：刘　丹

出 版 人：匡乐成　　**出版统筹：**许　新　黄春峰
特约编审：黄绪国　　**责任编辑：**张云杰
责任校对：刘保利　　**封面设计：**李尘工作室

出版发行：新华出版社
地　　址：北京石景山区京原路8号　**邮　　编：**100040
网　　址：http://www.xinhuapub.com
经　　销：新华书店、新华出版社天猫旗舰店、京东旗舰店及各大网店
购书热线：010－63077122　**中国新闻书店购书热线：**010－63072012

照　　排：六合方圆
印　　刷：三河市君旺印务有限公司

成品尺寸：145mm×210mm　1/32
印　　张：8.5　　**字　　数：**160千字
版　　次：2022年11月第一版　　**印　　次：**2022年11月第一次印刷

书　　号：ISBN　978-7-5166-6472-8
定　　价：68.00元

“我们必须全面建设小康社会，为此必须提倡勤俭节约和艰苦奋斗，这样才能使资金投入和工农业发展的速度更快。在这个过程中，我们应该帮助尽可能多的穷人成为富人。”

李光耀

1964 年 12 月中英政府财政政策演说

序 言

我第一次见到谭竞辉是在芬兰大使保拉·帕尔维亚宁(Paula Parviainen) 家中举办的晚宴上，我们就芬兰和斯堪的纳维亚模式成功的话题聊到深夜。我们讨论了作为人、文化和国家的集体价值观如何在国家的兴衰中发挥关键作用。同时包含政治和经济政策的北欧模式影响着生态系统中的文化和社会规范。具体来说，信任是北欧社会公民相互理解、共同努力解决冲突、做出包容性决策并最终为所有人创造更光明未来的能力的重要组成部分。然而，在进行跨国比较时，信任和其他文化规范往往被忽视，导致对北欧模式在其他地方成功复制的错误预判。

把经济命运与文化和政治联系起来的概念并不新鲜；它最初是在著名的经济学家亚当·斯密的经典之作《国富论》中所讨论。然而多年来，数学建模逐渐主导了经济学领域，而行为心理学等软科学的贡献在很大程度上被忽视，直到最近才有少数诺贝尔经济学奖被授予关注人类实际行为的经济学理论。

这些价值观何时在我们心中根深蒂固？为什么它们看起来很少改变？这是先天的还是后天的？环境很重要，有很多例子表明有“核心”价值观的社会容易形成一个有利于其发展的环境，而其他没有“核心”价值观的社会则会停滞不前。事实上，如果再加点运气，正是我们自身的潜力决定了自己的经济命运。

这是一本可读性很强的书。格兰琴和谭的想法确实令人信服。国家的成功绝不仅仅基于物质和经济因素。文化认同、信任程度和动机也起着至关重要的作用。这本书为商界和政府领导人提供了重要信息，可以更好地理解经济是如何运作的以及规划经济运行的价值观。

埃斯科·阿霍

芬兰前总理

自 序

世界各地的人们在不同的价值观引领下成长。这些价值观往往被经济学家所忽视，但它们构成了经济及其进一步增长潜力的关键要素。在很大程度上，它们解释了为什么日本经历了几十年的衰落，为什么北欧国家采用了世界上最高的税率以使其社会更加平等，为什么中国对美国有这么大的贸易顺差，又或者为什么一些国家陷入了中等收入陷阱。正是价值观加上正确的公共政策，最终决定了国家的经济命运。在本书中，我们探讨了文化价值观和公共政策的结合是如何影响国家经济发展的。我们关注的是有利于增长的“核心”价值观：一般而论，是特定国家的人民勤奋、节俭、信任，还是规避风险？

国民的工作越努力，增长潜力就越大。储蓄的意愿和能力在很大程度上决定了一个国家是通过投资和出口还是消费来实现经济增长。信任有助于解释财富和收入的不平等，以及政府在尽力减少这些不平等方面所发挥的作用。有着高度风险规避意识的国民经济体则将陷入停滞。我们还确定了认为对经济影响最重要的政策：市场力量对进一步的经济增长至关重要；政治稳定，特别是没有武装冲突，比任何特定形式的政府更有利于经济增长；受过教育的劳动力孕育着创新和生产力。另一方面，腐败会严重破坏经济。健全的财政政策和货币政策对于一个经济体渡过其循环周期及预防危机也很重要。本书消除了价值观和政策之间的隔阂，认为只有同时考虑到这两组因素，我们才能真正理解经济到底是如何运行的。

作者

目录

CONTENTS

第一部分

价值观

第一章 勤 劳

第二章 节 俭

第三章 信 任

第四章 冒 险

第二部分
政　策

第五章　政治稳定

第六章　自由市场

第七章　教　育

引　子

对安雅来说，这是多事儿的一天。傍晚时分，她和朋友奥利维亚在乌普萨拉主干道旁的一家咖啡馆里喝着咖啡，乌普萨拉位于瑞典斯德哥尔摩以北 40 英里处，她们俩都在那里生活和工作。大多数周末，安雅都会带着一岁的女儿克拉拉和奥利维亚聚在一起。她们通常会买一些饰品，然后以一杯饮料结束一天的聚会。只要天气允许，安雅就会把克拉拉留在咖啡馆外面午睡。她和大多数有小孩的朋友一样，认为接触新鲜空气会使婴儿更健康，因为这样可以少接触到环境里的细菌。

当她不时地凝视着窗外，以确保克拉拉一切安好时，一个中年妇女引起了她的注意。那个女人站在婴儿车旁，环顾四周，看起来很困惑。然后她突然抓住克拉拉，把她从婴儿车里抱了起来。惊恐万分的安雅从座位上跳了起来，冲到外面拦住了那个女人。

“你知道自己在干什么吗？”安雅拉住女儿，用瑞典语问道。

“对不起，我不会说你们的语言。”那女人结结巴巴地说，显然受到了惊吓。

“你在干什么？”安雅重复了一遍，这次用的是英语。

“哎呀，我还以为这个孩子被遗弃了呢。”

“她当然没有。我是她母亲。”

“那你为什么要把她丢在街上？”

“因为在我们这里都是这样做的。让他们得到一些新鲜的空气。”

“如果有人偷走了你的孩子怎么办？”

“为什么会有人这样做？”

这名女子仍然困惑不已，但也为这一转折感到尴尬，她为所发生的事情向安雅道歉。她一直想的是去帮忙，误以为孩子有危险。接着是一段简短的讨论，在此期间，安雅得知这名女子来自美国，正和她的丈夫在北欧度假，她的丈夫正站在几米远的地方，看起来并不想参与其中，但似乎对妻子陷入的窘境感到好笑。

安雅后来回到家中正和丈夫一起准备晚餐，她又想了想这件事。她从来没有想过有人会试图偷走她的孩子。在一个近20

万人居住的城市里，有很多人她都不认识，但即使这样，她也感到是安全的，没有人会对她或女儿造成伤害。游客是一种常见的景象，他们会被诸如教堂、中世纪城堡和花园等地标所吸引，但也从来没有造成任何安全问题。

然而，当她去其他国家旅行时，她不得不承认她会更加小心自己的物品，至少在北欧国家以外，她不会把女儿一个人留在街上。即使在乌普萨拉，虽然安雅一开始并没有意识到，但她现在也开始变得更加谨慎。她觉得这个城市在过去十年发生了变化。这里接纳了大量的外国人，这使得她晚上外出时更加小心。也许她在讲述自己的故事时开始变得有点偏执。毕竟，她自己从来没有遇到过任何问题。这可能是安雅对其不熟悉的东西的自然反应。而时间将会证明这些担忧是否合乎情理。

陈太太又在店的另一边大喊大叫，抱怨货架上的有些东西已经卖完但没有及时补货。[1]“让老太婆喊吧”，卡拉博想。不知怎么的，她已经习惯了这个中国店主经常发脾气。一个刚走进来的顾客盯着卡拉博，想知道发生了什么事。卡拉博转了转眼珠，引得那位顾客露出了微笑。

在过去的八个月里，卡拉博一直在博茨瓦纳首都哈博罗内市中心做店员。她在那里出生长大，对这个城市很熟悉。她的父亲是一名保安，她的母亲则在一家国有企业担任行政助理。卡拉博对学习从来就没有多大兴趣。她中学就辍学了，而且很高兴能就此了结。现在她20岁出头，渴望享受人生最美好的时光，大部分时间都和朋友、家人在一起。她一直是一个快乐的、无忧无虑的人，很少为任何事焦虑。在过去两年间，她一直在和奥勒博耿约会，他是一个很好的伴侣。奥勒博耿在一家银行当职员，就在离陈太太的商店几个街区远的地方。他们会在大多数的午餐时间聚在一起，朋友和同事也会经常加入，他们还会短信交流一整天。他们计划很快结婚，可能就在明年。

卡拉博不喜欢她生活中的一个方面，就是为那个可怕的店主工作。她不知道自己是怎么跟陈太太相处了八个月的，这感觉像无止境一样。陈太太总是指责她的店员不够努力，批评她缺乏奉献精神、守时意识和组织能力。陈太太是一个控制狂，她希望卡拉博整天被奴役地长时间工作。有一次，她甚至告诉卡拉博，她应该感谢有机会在店里工作。工资待遇也不是很好，仅仅高于最低工资标准。卡拉博感觉受到了剥削，她如何靠着如此微薄的薪水维持生活？每当她去杂货店购物或和朋友出去喝酒吃饭时，各地的物价似乎都在上涨。在某一时刻，她必将入不敷出。

即使在工作八个月后，卡拉博意识到她对陈太太几乎一无所知（并不是说她想了解更多）。店主从不谈论她的个人生活，但她似乎也没有任何个人生活，她只是把她所有的时间都耗在了这家店上，所以可能也没有什么可聊的。卡拉博甚至不知道她的名字,总是喊她的姓。她会看到她和其他一些中国女人碰面,但一周只有一两次。陈太太似乎没有家人,朋友也很少。偶尔她会打开商店后面的电视机,看一些中国节目。卡拉博想知道为什么会有人从中国远道而来,整天不知疲倦地工作,而利润却少得可怜。陈太太不大可能赚了几百万,就算赚了,她也藏得很好。陈太太也从来不让卡拉博插手商店的财务。账本完全由这个店主自己管理,她还负责处理顾客的所有付款,并在外出时锁上收银台。陈太太显然不信任她的雇员,甚至在店里安装了三个监控摄像头。她告诉卡拉博这是为了避免商店失窃,但卡拉博知道这也是监视她在店里行为的一种方式。

随着圣诞节的临近,卡拉博期待着与家人和朋友共度佳节,并休息一段时间。陈太太告诉她,这段时间店里的生意会好很多,就指望她了。卡拉博也曾考虑那段时间过去工作,但这个想法只是短暂地闪过她的脑海。考虑到她之前受到的冷遇,几乎没有任何理由让她去取悦雇主。假设因为她去工作而使得陈太太高兴,那个女人也不会表示任何感谢。

但今天卡拉博把这些想法都抛在一边。今天是发薪日,一个她一直热切盼望的日子。她期待着晚上与奥勒博耿以及他们的朋友们见面。他们会去购物中心,买她在杂志上看到的一些东西,也许还会看一场电影。发薪日是卡拉博感到自由的一天,可以摆脱那些迫使她第二天就要回到工作岗位的金钱限制。

陈太太坐在出纳员后面的座位上，她一直在观察卡拉博。和往常一样，她对眼前的景象一点也不感兴趣。不过，她已经习惯了店员缺乏责任心的样子。不仅仅是卡拉博，以前所有的店员都同样表现出漫不经心的态度。

陈太太已经快五十岁了，六年前和她的丈夫从中国福建省来到博茨瓦纳。之前在中国，她的丈夫开了一家公司，为建筑行业提供基本材料，她则帮助处理日常事务。这是一种艰难的生活。这对夫妇在与更大、更成熟的公司竞争中举步维艰。随着债务的增加，他们被迫过着节俭的生活，住在狭小的公寓里，精打细算。

直到有一天，她丈夫受够了。他建议移居到陈太太之前从未听说过的博茨瓦纳。她丈夫的一个儿时朋友十年前搬到那里，为采矿业供应零部件，生意很好。朋友说，对于那些愿意努力工作的人，博茨瓦纳是一片充满机会的土地。她丈夫确信他们在这个遥远的国家会生活得更好。还有什么可失去的呢？他们的父母已经去世，也没有孩子需要照顾，所以没有什么可留恋的了。

在经历漫长的旅途之后，他们终于降落在哈博罗内，丈夫的朋友在机场接到他们并开车在这个城市兜了一圈。这个地方并不像陈太太在看了有关非洲的纪录片后所预想的那样破败不堪。建筑物很现代化，街道看起来也很干净。感觉这座城市很安全。由朋友安排的临时住所虽然很简陋，但很干净，家具也齐全。

几个星期后，她丈夫开了一家商店，不仅卖衣服和家具，还卖鞋子和手机。几乎所有的商品都是从中国进口的。和这座城市大多数中资商店一样，生意迅速走上正轨；商品质量不是很好，但价格是无与伦比的。竞争不是来自当地的商店，而主要来自哈博罗内市为数不少的其他中资商店。由于她丈夫经常出差，同时还参与了当地的另一家企业，所以陈太太负责店铺的日常运营。

虽然商店经营得很好，但那些年来她的店打工的人一直让她头疼。如果是陈太太的话，她会雇一个中国店员，但当地法律禁止这样做：店员必须是本地人。她需要一个助手，因为她不能一个人做所有的工作。她现在的店员卡拉博和之前的店员没什么不同：经常上班迟到，总是站在一旁无所事事，玩手机，和朋友、顾客聊天。他们似乎没有工作的动力，也不珍惜拥有的工作。他们也不堪信任：之前的店员就因为从收银台里偷钱而被解雇了。

卡拉博一直在抱怨她的薪水。但工资与其他中国商店支付的工资没有什么不同。此外，陈太太觉得，卡拉博因和父母住在一起开销不大，所以存一些钱是绰绰有余了。问题是她的店员把自己的收入浪费在诸如购物和夜生活之类的放浪之事。她几乎每个晚上都和朋友们出去。每隔几个星期，她就会穿着陈太太从未见过的衣服出现在店里。难怪到月底她就没剩多少钱了。陈太太曾想过年底给卡拉博加薪，但肯定不是以这样的工作态度。

在接下来的日子里，这种缺乏奉献精神的情况会变得很明显。还有几个星期就到圣诞节了，这是陈太太一年中最忙（也是最赚钱）的时候。她确信卡拉博不会出现。在那个繁忙的时期没有店员意味着忙乱和收入损失。她之前的店员曾想出各种各样的借口来为自己的缺席辩解。其中一个告诉她，自己的母亲去世了。陈太太对她的遭遇表示同情，直到第二年这位雇员在没有意识到错误的情况下又使用了同样的借口。陈太太感到了背叛，她深信本地人永远不可相信。

导 论

纵观人类历史，社会的兴起，无论是文明、国家还是共同体，都是人类生生不息、开疆拓土的结果。从古代美索不达米亚阿卡德帝国的出现到现代中国的重新崛起，民众构成了社会建设成功与否的基石。伟大的领导者在这个过程中则扮演着更为重要的角色，他们规划了发展愿景和组织架构以引导进一步的社会发展，但最终的成功也同样取决于作为社会组成部分的每一个公民。

世界各地的人们思考和行为的方式是由一个内含价值观、态度和信仰的复杂系统所引导的，这通常被宽泛地定义为“文化”。鉴于对文化所包含内容的广泛理解，以及与价值观、态度和信仰的定义偶有重叠，在本书中，我们更倾向于理解为价值观，即我们始终遵循并将贯穿一生的行事原则。对于我们大多数人而言，价值观是我们在童年时期通过收集和吸收成长环境中的信息所获得的，这些信息不仅是通过与家人、朋友、同学和老师之间的社交活动获得的，还包括诸如电视、广播、报纸等社交媒体。我们可能没有意识到，但价值观是深深植根于我们每个人内心的。因此，价值观很少随时间而改变，即使它们真的发生改变，也是非常缓慢。我们大多数人都觉得自己属于某一群体，无论是一个国家、一个社区、一个家庭、一个社会阶层、一个种族、一个城镇，还是一个宗教组织，人们在其所属的群体内有着许多共同的价值观，并愿意将这些价值观一代一代地传递下去。

一个社会在一段持续时间内创造财富的能力最终决定了自己的命运。只有富裕的社会才能负担得起大规模的现代军事设施，确保公民的福祉，并扩大其影响范围。同样，经济管理不善也会加速它们的垮台。用经济学家格伦·哈伯德（Glenn Hubbard）和蒂姆·凯恩（Tim Kane）的话来说："对伟大文明的生存威胁，与其说是门口的野蛮人，不如说是内部自身造成的经济失衡。"[1] 也许现在与以往任何时候相比更是如此，财富就是力量。

通过使用和交换稀缺资源来获得财富是经济学关注的焦点。归根结底，经济是对人类个体或整体行为的研究。为追求更加科学和"客观"，许多经济学家认为人类是完全理性的经济行为人，其动机完全是出于自身利益，对这一驱动过程的分析可以追溯到1848年约翰·斯图尔特·穆勒（John Stuart Mill）的《政治经济学原理》（*Principles of Political Economy*）。从19世纪后期开始，在经济学研究中数学模型的使用开始越来越普遍。这种科学上的严谨使得经济学家在经济生活的许多方面取得了巨大进步，加深了人们对市场、公司和政府作用的理解。但在这样做的过程中，经济学家有时会忘记模型只是对现实世界的简化再现，基于模型所作的假设导致了对人类社会复杂性的一种偏离。经济学家弗农·史密斯（Vernon Smith）在20世纪70年代末率先对这些假设进行了实验，结果显示，人类行为受到经济模型中经常缺失的因素的引导，比如公平、信心、宽容、正直、信任、同情或互惠。经济学永远无法达到物理学那样的科学卓越，原因很简单，人类的行为永远不会像原子或其他粒子的行为那样持续一贯或被预测得同样准确。

不同的社会，不一样的经济成就

为什么有些共同体在一两代人的时间内就能繁荣起来，无论他们移居到哪儿，即使是在他们受到歧视的地方，也能控制相对于他们所在共同体规模而言大很多的经济份额？为什么北欧国家虽然享有世界上最高的失业福利，但失业率却相对较低？

为什么这些国家的公民会接受有时超过50%的边际税率？为什么尽管税率创历史新高，这些国家仍然繁荣昌盛？为什么日本家庭将大部分储蓄投资于回报率低或为负的政府债券（实际上是在为持有这些债券的“特权”买单）？为什么拉丁美洲国家的不平等程度最高，尽管其税收政策与其他国家并无实质区别？为什么非洲国家，除了极少数例外，尽管发展政策大不相同，却整体落后于其他国家？

大多数经济学文献都无法回答这些问题。人们普遍认为，在某个地区成功的经济政策在其他地区也应该同样成功。经济学家通常认为，他们的研究结果提供了普遍真理。但实际情况是，世界各地的人们持有不同的价值观这一事实往往被忽视，或者至多只是被承认。

这至少有三个方面的原因：首先，历史上大多数经济学理论都是在西方社会的背景下提出的。几个世纪以来，这些经济体被认为是唯一值得研究的经济体；直到第二次世界大战后，经济学家才开始认真关注非西方经济体。但即使在今天，随着经济实力越来越多地向亚洲转移，以及小规模地向其他非西方地区转移，世界各地经济学专业的学生所被教授的理论仍主要源自西方。决策者的行为也往往受到他们所受的西方教育的引导。他们中的很多人毕业于西方教育机构，并且坚信在美国或英国行之有效的方法也可以轻易地应用到其他任何地方。依赖国际机构资助的国家经常被迫实施源自那些坚信其建议的政策适用于所有国家的组织的政策。

第二，大多数经济学家认为市场参与者应以完全理性的方式行动。这意味着世界各地的人们都被期望以完全相同的方式对激励做出行为和反应。虽然很少有人会认为价值观在任何地方都是完全相同的，但价值观的差异往往被认为对经济绩效的影响甚小。这种世界观的逻辑结论是，只要制定正确的政策，任何国家都可以在几十年内高度发达；世界银行前首席经济学家林毅夫说，布隆迪是世界上最贫穷的国家之一，可能在一两代人之内成为另一个瑞士。[2]目前，这个范式仍然是大多数发展模型的基础。

第三，即使在为数不多的经济理论关涉人类参与实验的情况下，参与者也主要来自美国的高端家庭：受过高等教育、年轻，而且明显偏好民主。2010年一项有影响力的研究就指出，“美国大学生在心理学、认知科学和经济学的实验分支中构成了数据库的主体”。[3]尽管许多经济研究所依赖的样本不能代表全球人口,但它们的研究结论往往意味着全球范围内的影响力。大多数经济实验仍然以美国本科生的反馈为基础，这部分是由于考虑到使用一个真正具有全球代表性的样本进行实验的成本和可行性，但主要还是由于长期（和错误）的信念，即在其他国家进行实验不会显著影响这些研究的结果。

认为相同的经济学理论适用于所有社会的观点极具误导性。在刚果、中国或智利实施相同的经济政策，往往会产生截然不同的结果。基于本书即将阐明的原因，北欧国家大幅减税不会刺激经济增长，而只会导致不平等水平上升。但是，将拉丁美洲国家的税收提高到北欧国家普遍实施的水平不会降低平等，但会导致更多的逃税和腐败行为。在储蓄水平低的国家进行更高水平的投资基本不会起到良好的效果,反而可能会适得其反。政府鼓励人们创办自己的企业可能会带来更多的创业劳动力，但在日本，这种努力已经失败，并将继续失败。价值观在当前的世纪疫情大流行中也发挥着重要作用，我们将在关于信任的一章中看到这一点。

虽然全球化缩小了世界各地价值观的差异，但并没有缩小到这些差异无关紧要的程度。任何到过不同国家和不同大洲的人都知道，价值观仍然深深地扎根于我们每个人的内心之中，并将继续对人们做出决定的方式产生重大影响。在本书中，我们分析了四种对我们的经济生活影响最大的价值观：勤劳、节俭，对他人的信任和冒险。前两项，勤劳和节俭，被大多数学者所摒弃（除了一些特例）。另外两项，社会信任和风险偏好，近年来则得到了更广泛的认同。

偏见和国家的多样性

价值观是很难观察、测量和解释的。当观察一个人或一群人时，我们可能会认为他们构成了总体的代表性样本，他们所呈现的价值观与更广泛人群所持有的价值观相符合。这样做的风险在于形成偏见，错误地认为根据一些观察就可以判定人们会有某种行为。现实情况是，在每个国家内部，基于社会经济背景、宗教、城乡差距或其他历史文化因素，不同的价值观会并存。传统印象中的日本人可以是一位在东京工作的衣着考究、压力很大的高管，但一位北海道的渔民的想法和行为与东京工薪阶层会截然不同。位于日本北部岛屿的北海道，直到 19 世纪中期大部分都没有受到日本政府的干预。一位搬到纽约的美国中西部人可能要努力地适应她的新世界，至少一开始是这样。来自中国贫困省份甘肃的农民会觉得自己与上海的社会名流没有什么共同之处，就像尼日利亚拉各斯的伊博商人不会与来自该国北部偏远的索科托的豪萨工人有太多交集一样。

我们需要注意到每个国家内部价值观的多样性。但我们也不应该落入相反的陷阱，即所有这些都可以公式化套用，世界各地的每个人都有着相同的价值观。尽管每个国家的价值观各不相同，但通常来讲，每一人类群体都显示出一套独特的价值观。东京的上班族和北海道的渔民可能有不同之处，但他们比日本以外的人有着更多的共同点：他们拥有共同的语言、教育、历史、文化以及国家认同感。同样的道理也适用于美国中西部人和纽约人、甘肃的农民和上海的社会名流，或者拉各斯的商人和索科托的工人。

政策

在过去的几十年间，人们做了大量的工作来解释各国不同的经济成就。大多数的焦点集中在政策上，特别是善政、法治和民主如何促进技术进步、国际贸易以及更好的资源配置。另一种方法强调了地理的作用，比如地理位置和气候。这些工作让我们更好地理解为什么一些国家比其他国家更加富裕。本书对此也有诸多分析。但我们所要传达的主要信息是，与每个国家的公民相关的一些价值观也需要纳入考量；事实上，它们应该占据显著位置。

经济增长（或经济倒退）不是孤立地由一个因素造成的，无论这个因素是价值观、政策还是地理位置。如果我们断言某个单一的因素可以完全解释不同的经济发展轨迹，我们就会暴露在无数的反例面前，以证明我们的主张是错误的。近几十年来，单因素理论的出现，可能是学术界过于专业化的结果。正如经济学家保罗·科利尔（Paul Collier）所言，“现代学者倾向专业化：学术训练使得理论钻研深入而单一”。[4] 虽然声称诸如勤劳和节俭的价值观是经济增长的最重要因素，但这却无力解释为什么韩国的生活水平要比朝鲜高得多，或为什么智利要比它的邻国秘鲁更繁荣。一直以来，入海通道使得许多沿海地区变得更加繁华，但这并没有阻止瑞士成为地球上最富有的国家之一。

在本书中，我们描述了六项认为对经济增长影响最大的经济政策：政治稳定、自由市场、教育、腐败、财政政策和货币政策。我们也展示了这些政策的效力如何与每个社会特有的价值观密切相关。在制订反腐败和增税方案时，社会信任应被考虑进来。在评估出口导向型经济体的优点时，节俭也应如此。

意识形态的威胁

我们大多数人在对一个具体的经济问题形成看法时，首先会考虑我们的主流意识形态，并确保我们的观点与之保持一致。我们经常在税收或政府监管等问题上非常有主见，而且我们相信自己在这些问题上的意见在每种情况下都会有效。但我们常常没有意识到，意识形态过度简化了现实，也模糊了我们客观思考的能力。对于“应该提高税收吗？”或“政府应该干预吗？”这样的问题，最明智的答案是，这要视情况而定。它取决于各种因素，包括人的价值观。每一项经济政策都应该根据其自身的价值来评判。高税收和政府干预有时是有效的，但其他时候则不然。

当面对相反的证据时，我们多长时间会改变一次自己的观点？很少。我们会坚持自己的信念，并难以承认自己的错误（同时面对随之而来的反对声音）。正相反，我们会通过尽可能地怀疑相反的证据来驳回它。和与我们持相同观点的人在一起会进一步强化我们的信念。2015 年的一项研究向经济学家提出了一系列道德问题（比如他们对公平的看法）和经济学问题，他们发现两者之间有很强的联系："经济学家关于经济运行的大量观点疑似与他们的价值观相关。"[5] 换言之，经济学家倾向于得出他们希望得到的结论。这种坚持主流意识形态的倾向反过来影响了研究人员得出结论所使用的方法。决定测量什么、在哪段时间内、在什么假设下，都可以极大地影响结果。

即使经过最严格的科学审查，也没有一篇研究论文可称之为完全客观的。然而，在经济学中，意识形态扮演了过于重要的角色。马丁·福特（Martin Ford）是这样描述的："相较于审查数据中所包含的任何东西，了解某个特定的经济学家的意识形态倾向往往能更好地推测这个人可能会说什么。"[6] 应该鼓励经济学家和决策者能根据新的情况或者认识到不同的情况需要不同的政策来改变他们的观点，而不是贬低。更加务实和思想开明只会帮助我们更好地理解经济是如何真正运行的。

限制经济增长

本书的重点是使长期经济增长最大化。国内生产总值（GDP）即一个国家在特定时期内生产的商品和服务的总价值，以及人均国内生产总值即一个国家的国内生产总值除以其人口数量，一直是衡量经济繁荣的历史基准。尽管 GDP 被广泛使用，但它也有其局限性。它只针对有偿活动，而不包括家务或志愿服务等无偿工作。它衡量的是一个国家作为一个整体如何变得更富裕，而不是谁从那种富裕中受益。如果一小部分精英集团以牺牲多数人的利益为代价来使自己变得富有，那么这种非包容性增长就不是一个理想的结果。

经济增长并不总是意味着幸福的增加。一名日本员工的收入可能很高，但她的工作压力很大，需要长时间在办公室工作，很少有家庭时间，也很少有假期。尽管拉各斯腐败猖獗，贫困程度也要高得多，但拉各斯居民以乐观的生活态度而闻名。那么，这位日本员工一定会比拉各斯的居民更幸福吗？也许不是。但一般而论，她确实受益于更好的医疗保健、更长的预期寿命、更好的教育、失业后更好的财政支持以及有保障的养老金支付。如果没有经济增长，这些福利是不可能实现的。由于衡量幸福的固有困难，将幸福作为一个国家的目标并据此对国家进行排名的尝试几乎没有成功过。

在上面的例子中，与拉各斯的居民相比，这名日本员工也受益于更干净的环境，但这并不是说较富裕的国家排放的污染更少或有更好的环境追踪记录。经济目标和环境目标经常发生冲突，因为经济增长的提升有时是以牺牲我们的环境为代价的，特别是当国家经历一个工业化发展阶段时。经济增长对气候变化和许多国家未来发展所依赖的资源枯竭的影响不在本书的讨论范围之内。我们在这里探究的重点是经济增长以及如何在人口中分配这种增长。

本书梗概

本书主体内容分为两部分。

第一部分探讨了对国家经济成就影响最大的四种文化价值观。除了那些未能采取市场经济的国家，对强烈的职业道德的关注使得儒家社会和历史上信奉新教的那些国家变得更加富裕。在其他因素中，我们将探讨节俭如何影响世界各地的储蓄率，以及这些不同的储蓄率是如何导致全球失衡的。尽管我们可能没有意识到，但信任在我们的生活中确实发挥着至关重要的作用。当人们普遍相互信任时，就会产生更加平等的社会。在过去 30 年里，缺乏冒险精神对日本经济产生了非常负面的影响，而冒险精神对于在 2008 年金融危机后努力摆脱长期增长缓慢局面的其他国家来说却非常重要。

第二部分侧重于经济政策。政治稳定比任何形式的治理都更加重要，而且它是经济增长的先决条件。自由市场也是如此，这意味着一个创造性破坏的过程、自由和公平的竞争以及个人和公司之间的公平竞争环境。受过教育的劳动力是创新和提高生产力的重要推动者。腐败一旦蔓延开来就会严重破坏经济增长。明智的财政政策和货币政策有助于在经济周期中稳定经济，也更易建立一个更平等的社会和更强劲的金融部门。

第一部分

价值观

第一章
勤劳

“它们就像硫黄一样：不溶解。”

这是巴西教授、法学家奥利维拉·维安娜（Oliveira Vianna）在1932年负责一个移民委员会时对巴西的日本人社区所作的描述，该委员会的任务是为巴西未来的移民政策提供指导。[1]当时委员会起草了很多报告，以警告巴西社会的“日式渗透”。曾批评日本移民无法融入巴西社会的巴西司法部长几年后又宣称日本人“自私，他们不守信用、难相处的性格使他们成为巴西最富裕地区的一个巨大的民族文化肿瘤”。[2]而那时，估计有20万日本人在巴西定居，其中大部分在圣保罗州。

日本向巴西的移民始于1908年，当时巴西的咖啡种植园正面临劳动力短缺，而咖啡是当时巴西最大的出口产品。种植园曾严重依赖来自非洲的奴隶，但在1888年奴隶制被废除后，这一选项就不复存在。当地政府用高昂的补贴吸引来自意大利、西班牙和葡萄牙的移民，但在田间工作的残酷现实导致许多人返回欧洲，也阻止了他们的同胞移民巴西。[3]种植咖啡是一项艰苦的工作：这种植物在三到五年后才开始生产咖啡豆，而且完全靠手工采摘。[4]

似乎没有选择了，圣保罗政府转向了一个不太可能的解决方案：日本。几乎没有日本人曾踏足巴西，但很多日本人却渴望离开他们的国家。尽管随着向世界开放，日本的经济前景有所改善，但经济增长却不时受到衰退的影响。该国快速的工业化也意味着农田里需要更少的农民，他们中的很多人也难以找到新的工作。日本政府热衷于让“下层劳工”离开这个国家，因为在日本试图控制人口增长的时候，“他们的贫困构成了国家威胁”。[5]这促使贫穷的农民去别处寻找更好的机会。美国不是一个好的选择：它将日本视为一个具有侵略性、军事强大的国家，反日言论在1924年禁止日本人（和其他亚洲公民）进入美国的“排亚法案”（Asian Exclusion Act）通过时达到了顶峰。而与此同时，巴西正不顾一切地为其咖啡种植园寻找劳动力，对地球另一端的武装冲突不太关心。

前往巴西的日本移民原本只打算在巴西待上几年后就回国，但他们中的大多数人之所以后来留下来，最初是因为他们负担不起回国的费用，其次是因为第二次世界大战，最后是因为他们正在逐渐融入巴西社会。

同化远非易事。在经历最初的文化冲击之后，早期的日本移民不得不忍受艰苦的工作条件和普遍的歧视。他们是农业劳动者，来自日本社会中受教育程度较低和最贫困的群体。他们努力走出当地的社区，用他们不懂的语言与他人交流。第二次世界大战使得巴西当地人对日本人社区的态度更加恶化。战争期间，所有的日本出版物都被禁止，学校关闭，在巴西国内驾驶或旅行需要特别批准。

人们可能会认为，一群受教育程度低、经济拮据、受到严重歧视以及缺乏人际关系的劳动者将继续苦苦挣扎。但日本人从不放弃。当先于他们来到巴西的意大利、西班牙和葡萄牙的咖啡种植工人回国之后，日本人努力工作以改善他们的生活条件。他们积攒了少量积蓄用于子女的教育投资。他们开始进入城市开设店铺，主要在圣保罗。1958 年，巴西一半以上的日本人从事农业工作；而今天，这个数字已经下降到不到 10%。[6]他们买了他们能找到和负担得起的最便宜的土地，这被称为日本土地，“土质极差而且严重缺水，没有人想要它”。[7]令当地人惊讶的是，经过多年的辛勤劳作和用心栽培，日本土地开始肥沃起来。那些继续从事农业的人成立了合作社；他们不再是采摘成熟咖啡豆的人了。

一些巴西人确实很早就注意到了日本劳工的内在品质。在

20 世纪 30 年代早期，巴西农村协会（Brazilian Rural Society）的主席曾说："日本人在劳动、受教育、提升改善自己、让自己清醒冷静方面的效率极高……在那些种植园主不能按时支付劳工工资的暗无天日的日子里，你从来没有看到过一个不耐烦或抱怨的日本人。"[8] 随着日裔巴西人发展得更加成功，上述观察结果在20世纪六七十年代成了某种标准。歧视仍然普遍存在。当时有一个很常见的讽刺笑话，"如果你想上一所好大学，就别拼命学习，杀一个日本人就行了"。[9] 那时，日本人大多已经成为受过高等教育的劳动力。

目前巴西约有 150 万日裔，是巴西最大的少数族群，也是日本境外最大的日裔社区。日裔巴西人的平均收入是巴西所有种族中最高的，包括巴西白人。日裔巴西人的收入比所有巴西人的平均收入高出 40%，比巴西白人高出 6%。[10]

日裔社区的成功不仅限于巴西。在美国，日本人的移民始于 19 世纪中叶，主要流向夏威夷和加利福尼亚。其中超过 10 万人在二战期间被关押在集中营，不是因为有任何可疑活动，而仅仅是因为他们是日本后裔。[11] 与巴西的情况一样，在美国的日本移民也有着同样贫穷的农业背景，受到歧视，但也由寒微发迹。辛勤劳作使他们的生产力远高于其他人：1981 年，经济学家托马斯·索厄尔（Thomas Sowell）这样写道，"能说明他们勤奋的一个迹象是，当他们在农业中获取计件工作的报酬时，他们的收入是其他劳动者的两倍”。[12] 今天他们的平均收入要高于美国白人。[13] 20世纪初，当秘鲁面临类似的劳动力短缺时，也吸引了许多贫穷的日本移民到其棉花和糖料种植园工作。劳动条件骇人听闻：第一批790名日本劳工中有五分之一在4年内死亡。歧视现象普遍存在。1940年，利马街头爆发反日暴乱：日本人的商店被洗劫和烧毁，10名日裔秘鲁人被杀害。[14] 尽管没有可靠的统计数据表明日本后裔在秘鲁的学术成就和平均收入水平，但人们普遍认为他们受过高等教育，是该国最具经济影响力的少数族群。[15] 他们中的一位，阿尔贝托·藤森（Alberto Fujimori）甚至成了总统，尽管他也遗留下严重的问题。[16]

最初赤贫的日本人在这三个国家的显著成功不可能仅仅是巧合。被放进不同的社会，他们都最终繁荣了起来。能做到这样，是因为他们拥有一套共同的价值观，其中之一就是努力工作的意愿。正是通过辛勤的工作，他们获得了更好的生活，即使不是为了他们自己，也是为了自己的子孙后代。

打破成见

勤劳是本书探讨的最有争议和最敏感的文化价值观。我们认为，勤劳也是最有利于经济增长的文化价值观。勤劳富有争议是因为它经常被视为一种成见,一种对人类行为的简化看法。我们看到一个工人长时间地辛苦工作，或者相反，这个工人在工作场所无所事事，我们可能就会得出这样的结论：所有人都是这样的行为。人类本性就是根据坊间的观察从而对整个人群做出推断。但正如我们将看到的，这种成见需要被打破：勤劳的人民只能改善一个国家的经济前景。

什么是勤劳？根据《牛津词典》的释义，它意味着“非常努力或极具忍耐力”。[17]但到底什么才算是“非常努力或极具忍耐力”？我们大多数人都会同意，在酷暑中每天工作 10 个小时的农民是勤劳的。一个尽力同时应付两份低收入工作和孩子的单亲母亲也被认为是勤劳的。但每天工作相同时间的财务主管或信息技术程序员也算勤劳吗？那些把“非常努力或极具忍耐力”投入到他们最喜欢的活动中的人呢,比如职业运动员？如果我们问人们他们是否努力工作，大多数人都会说自己努力工作，极少有人会有其他的回答。在他们看来，即使自己的工作不涉及太多的体力消耗，但他们必须承受的高压也可算作艰苦的工作。

人们努力工作的原因有很多。可能是出于必需：养活自己或家人。可能是野心：积累财富，获得更高的社会地位；成名，或在这个世界上留下印记。可能是来自父母或同龄人的压力：我们小时候会因为父母的强迫而努力学习，或者是因为其他同龄人都在努力学习，而我们也想成为其中的一员。可能是为了维护家庭的声誉。可能与宗教信仰有关。也可能是更高层次的、无私的动机，比如士兵为了保卫自己的国家而接受艰苦训练，或在饱受战争蹂躏的地方从事人道主义工作以帮助他人。在所有努力工作的可能原因中，金钱可能是现代物质社会中驱使大多数人努力工作的主要原因。

人们选择不努力工作也是有原因的。在这里，我们需要注意的是，不要给那些不那么重视勤劳的人或整个社会贴上“懒惰”或其他贬义词的标签。有些社会不太重视物质利益。他们认为家庭是生活中最重要的方面。如果长时间工作可以带来更高的薪水，但与此同时也要付出无法照顾家庭成员的代价，那么这些社会中的有些人会不能容忍这种妥协。

人们不愿意努力工作还有另一个原因。即使他们准备做出牺牲，但如果他们的努力工作不会转化为有形的收益，他们可能会重新考虑自己的立场。在提倡精英统治、创造公平竞争环境和有效打击腐败的社会中，努力工作的动机会更强烈，相关主题会在随后的章节中进行更详细的讨论。正确的政策可以激励员工在工作中付出额外的努力，但这些员工只有在他们认为从努力工作中获得的预期收益高于其他生活优先事项时，才会采取相应的行动。

勤劳的衡量

当我们认为一个人正在努力地工作，我们为什么会得出这样的结论？它可能与投入到某一特定活动中的时间有关。但它也可以指一个人在特定的时间内完成了多少工作。1935 年，勤劳的典型代表阿列克谢·斯塔哈诺夫（Alexei Stakhanov），据说因在 6 小时的单班时间内开采了创纪录的 102 吨煤而成了苏联的宣传典型。[18] 这两个指标，即工作时间和工作效率，是衡量一个人努力工作的常用指标。

以手工面包师为例，这是一种与勤劳密切相关的职业。如果面包师每天早上 4 点起床准备面包，下午两点下班，我们可以基于他在工作上花费的时间断定他是勤劳的。如果他每天生产 300 条面包，而他同城的其他面包师每天只生产 200 条面包，我们也可以得出类似的结论。这个面包师的生产效率更高，因而被认为更勤劳。同样的结论也适用于整体经济。[19] 花在工作场所的时间是用工作时数来衡量的，即每个工人平均一年的工作小时数。工人的生产力通常用每小时工作的国内生产总值（GDP）来衡量，它考量的是一个国家在一个小时内的总产量。

不幸的是，这两项指标都不能很好地反映工作的努力程度。人们可能每天花很多时间在工作场所，但这并不能告诉我们实际完成的工作有多少，尤其是在这样一个有很多工作都可以不用亲自去工作场所处理的时代。办公室职员可能会花更多的时间上网、八卦、喝杯咖啡，而不是工作或完成任务。面包师可能每天凌晨 4 点起床，但如果一个助手准备面包，而另一个助手接待顾客，而他只是坐在角落里几个小时，不时地监督其他员工的工作，那么这个面包师就不能说是在努力工作的。在国家层面，除了每个国家的数据来源和计算方法不同以外，兼职工作也严重歪曲了数据：人们普遍认为德国人工作努力，但它却是工作时间最短的欧洲国家之一，因为德国有着相当数量的兼职工人。在劳动力是自我雇用的国家，工作时间往往很长，但这并不能告诉我们那个国家的人们有多努力：个体店主必须全天照看自己的商店，但大部分时间可能都是无所事事的。

衡量努力程度的第二个指标，即每小时工作的 GDP，也存在各种缺陷。因为它包含了同样的工作时数计量，而上述关于工作时数局限性的探讨也同样适用于每小时工作的 GDP。另一个重要的缺陷是技术。生产更多面包的面包师可以是购买了新设备，从而不怎么努力就可以提高生产率。按小时计算的 GDP 更多的是技术进步的反映，而不是勤劳的衡量标准。每小时工作 GDP 最高的国家都是高度发达的国家。[20] 一个国家的工人生产力更高是因为他们工作更努力，还是因为他们被先进技术工具或更好的组织方式赋能，从而提高了他们的产量？如果阿列克谢·斯塔哈诺夫真的在 6 小时内开采了 102 吨煤，但如果没有提高从矿井中拉出煤的效率并使用在当时是新式工具的钻矿机，他也不会成功。[21] 因此，最终结论是，在比较各国数据时，我们没有任何经济指标可以切实衡量一个国家国民的工作努力程度。

另一种方法是问卷调查。我们不能直接问人们是否努力工作，因为绝大多数人都会回答“是”。“世界价值观调查”询问参与者的是“努力工作是否会带来成功”。[22] 但是，在使用调查结果来衡量是否努力工作时，也存在着各种各样的问题。人们可能认为努力工作不会带来成功，但这并不意味着他们不努力。最不同意“努力工作才能成功”这一说法的是海地人。多年的管理不善和自然灾害摧毁了海地的经济；我们可以理解这些经历使许多海地人相信，努力工作是不会有回报的。而对于那些相信努力工作会带来成功的人来说，也不一定意味着他们愿意通过努力工作来获取成功。

迁移的族群

既然我们很难衡量勤劳,那么我们是否应该简单忽略它呢?如果这样做了，在我们看来，这将错过一个关键因素，即为什么一些国家的增长速度比其他国家快。有些族群或整个国家的人们通常要比其他国家的人更勤劳，这并不一定会带来更高的经济增长。苏联的解体与其成员国人民的勤劳没有多大关系。如果不推行促进经济增长的其他因素，比如采用市场经济，人口勤劳的国家也可能陷入贫困。

将勤劳与经济增长联系起来，意味着能够将勤劳的概念与其他影响经济增长的因素分离开来。但是，如果没有一个可靠的衡量勤劳程度的标准，就很难比较不同国家的工作伦理。我们可能会认为德国人比希腊人更勤劳，但我们有什么证据来支持这种说法呢？任何关于 A 国人比 B 国人更勤劳的争论似乎都具有不确定性，因为缺乏证据，而且无法将勤劳和其他可能促进或阻碍经济增长的因素区分开来。

这正是有关迁移族群的研究可以提供独到见解的地方。历史上不乏移民浪潮的发生；逃离战争、贫困、独裁或严重的经济衰退；或者被吸引到前景光明的地方，几乎都是为了寻求更好的生活。在本书中，移民被定义为从一个国家移居到另一个国家的人。在大多数情况下，移民在到达新环境后，将与其他人口一样受到相同法律、制度和经济政策的约束。这并没有阻止一些没有受过教育、身无分文、受到歧视的移民族群在一两代人的时间内，就设法爬上他们第二家园的社会阶梯，变得比当地人更加富裕。他们的成功或许只能解释为在成长过程中所接受的文化价值观，其中最重要的是对努力工作的渴望。

正如本章导言所述，在美洲的日本移民就是这样。他们的勤劳使其克服重重困难，成为巴西、秘鲁和美国最成功的族群之一。另一个更广为人知的例子是中国人。在他们移民到的每一个国家，他们的族群都变得非常繁荣。这绝不是巧合。各种各样的说法证实了他们在种植园、工厂或集装箱港口所展示出来的卓越的职业道德。[23] 从 19 世纪中叶开始，几个世纪以来，中国曾多次出现移民浪潮。他们大多数是逃离饥荒和战争的文盲和无地农民，而富有和受过教育的地主则留在了中国。在整个东南亚，除新加坡外，华人都占少数：马来西亚占 23%，泰国占 14%，缅甸占 3%，菲律宾、印度尼西亚和越南各占 1%。[24] 然而，这些国家最富有的个人和大型私营企业的所有者绝大多数都是华裔人士。该地区华人的平均收入远高于区域内的其他族群。[25]

另一种看待这个问题的方法是比较一个国家省份的财富与这些省份的华裔的比例，一般认为，华裔的比例越高，这个省份就越富裕。马来西亚是少数可以提供相关数据的亚洲国家之一。[26] 通过比较马来西亚 16 个州和联邦属地（马来西亚由 13 个州和 3 个联邦属地组成）的人均 GDP 和华裔比例，可以发现一种非常强的相关性：华人的比例越高，人均 GDP 就越高。即使不包括有着迄今为止最高人均 GDP 和最大华裔族群的首都吉隆坡，富有的马来西亚各州的人均 GDP 有时也两倍或三倍于贫困州。比如吉兰丹、玻璃市、沙巴或丁加奴的华人比例最低，经济发展也相对滞后，而富裕的州如槟城、雪兰莪等的人口约有三分之一是华人。纳闽岛是个例外，这是靠近文莱的一个小的联邦属地，其大部分财富来自石油收入，人口主要是马来人后裔。[27]马来西亚的每个州都由相同的联邦政策管辖，然而每个州的生活水平却有很大的差异，这主要取决于华人在其人口中的比例。

在美国的情况也是如此。华裔的生活要比其他族群好得多，尽管许多第一代华人是从社会底层白手起家的。华裔美国家庭的中位收入要比美国家庭的中位收入高 45%。[28]《纽约时报》2012 年的一篇文章报道了纽约市一所精英高中每年只根据入学考试录取学生，并提供免费的备考辅导课程。[29]尽管亚洲人（主要是华裔美国人）在该市公立学校的学生中仅占 14%，但他们占据了享受免费辅导课程的 43%。许多来自其他种族背景的学生尽管可以免费参加补习班，但他们也从不参加。努力是有回报的：成功入学学生中的 72% 是亚裔美国人。

还有一些移民族群的表现优于其他族群的例子，无论他们迁移到哪里。犹太人在他们定居的地方都非常成功。尼日利亚人也是非常成功的移民：在美国，尼日利亚裔美国人的收入高于普通美国人并和美国白人持平。[30]拉丁美洲的巴斯克人、东非的印第安人和西非的黎巴嫩人都有勤劳的美誉，往往也都做得很好。然而，要从这些案例中得出明确的结论就很困难，因为这些移民在抵达东道国时往往接受过更好的教育,也更富有。因此，他们的成功可能是因为勤劳，但也可能是由于其更高的初始条件。在美国，印度人是迄今为止最成功的族群，但他们大多代表的是美国的知识精英，而这很难成为一个有代表性的样本。为这些族群得出明确结论的另一个挑战是现有的数据有限，因为只有少数国家公布了按族裔群体分列的平均收入或中位收入。

儒家的工作伦理

因为勤劳的衡量缺乏可靠标准以及将勤劳与其他影响经济增长的因素分离开来的固有困难，我们已经认识到比较各个国家工作伦理的挑战。然而，那些共享相似工作伦理的相似国家长期以来的发展态势都系统性地优于其他国家，除非它们未能实施市场经济。其中，两个这样的相似国家是儒家文化国家和历史上信奉新教的国家。

几个世纪以来，有着儒家传统的国家大多都遵循了中国哲学家孔子的教诲，在采取市场经济并开放国际贸易后，这些国家都出现了卓越的经济增长：日本、新加坡、韩国，以及中国和越南。朝鲜没有实施这些改革，仍然处于贫困状态。仅靠市场改革不可能实现卓越增长。其他实施了类似改革的国家（菲律宾、印度尼西亚、泰国、柬埔寨、缅甸和老挝）都实现了经济增长，但也从未达到儒家传统文化国家的程度。严重依赖自然资源的国家除外，比如文莱和马来西亚，这两个国家的石油和天然气行业分别占到 GDP 的 65% 和 30%。[31]

儒家学说强调勤劳、教育和服从的重要性。一个人的价值是由其品质决定的：他能获得什么是根据他自己的努力，而不是与生俱来的权利。艰苦的工作从小就开始了，孩子们在学校和家里都要花很长时间学习。研究表明，面对更高的父母期望的孩子往往更努力，在学业上也更成功。[32] 虽然儒家传统在东亚国家之间的差别很大，但对勤劳的强调深深植根于每一个国家。早在 1971 年，美国未来学家赫尔曼·卡恩（Herman Kahn）就曾预言："儒家伦理——培养奉献、积极、有责任心和受过教育的个人，提升责任感和组织认同感，以及对各种制度法规的忠诚——将可能会使所有的新儒家社会至少比其他文明有更高的经济增长率。"[33]

中国自 20 世纪 80 年代以来的迅速崛起，被归因于市场改革和向世界开放，在这一过程中中国不仅获得了关键性技术，而且出口了制成品。这些因素确实对中国经济产生了巨大影响，但它们没有解释中国经济在过去 30 多年里的增长速度。许多国家也已经实施了类似的市场改革，但几十年来我们并未目睹其经济规模每 7 年左右翻一番的盛景。如果没有中国人民与生俱来的勤奋，中国不可能有这么大的发展。

这些价值观为早期来到中国的人所认可。美国传教士亚瑟·亨德森·史密斯（Arthur Henderson Smith）于1872~1926年在中国待了50多年，他在一系列书籍中分享了自己的经历。史密斯会对那些午夜刚过就起床到地里干活、接着又干其他活的工人和商人感到惊奇，他观察到，“无论是广州的铜匠、福州的锡箔匠、宁波的木雕匠、上海米厂的工人，还是北方省份的洗棉工人和筛面粉工人，在深夜和清晨的荒谬时刻都能听见他们在劳作。当西方人吃完早餐的时候，中国市场已经接近尾声。夏日清晨五点半，在上海外滩散步，没有什么比这更明显的对比了。那些沿着水边建造宫殿并在那里做生意的高贵的欧洲人，在这个时间段是完全看不到的，但亚洲人正在全力准备，并且已经准备了很长时间。要过好几个小时，西方人才会从人行道上挤过中国人，悠闲自在地开始他们的一轮工作，而到那时，当地人已经完成了他一天的一半工作了。”[34]

从那时起，事情开始发生变化，但并没有我们想象的那么多。勤劳作为一种价值观已经深深扎根于中国社会。瑞士国际管理发展商学院（International Institute for Management Development Business School）教授温特·聂（Winter Nie）认为，“中国人天生就比许多西方人更渴望成功，而且他们准备好了不惜一切代价实现成功”。[35]“996”文化，即人们从早上9点工作到晚上9点，每周工作6天，仍然是许多中国企业的常态。孩子们承受着在学业上取得成功的巨大压力：每年有1000万人参加竞争激烈的高考，这是一种为进入大学而举行的全国性考试。就像其他地方一样，正确的激励措施必须到位。如果努力工作没有任何回报，就没有继续坚持下去的动力了。早在1979年，《华盛顿邮报》的一名记者在参观一家丝绸厂时报道说，“和中国大多数工厂一样，这家丝绸厂的工人不怎么努力工作。这种松散的工作态度将成为这个地球上人口最多的国家实现现代化的主要障碍”。[36]哈佛大学教授威廉·奥弗霍尔特（William Overholt）在1982年参观工厂时，对许多工人“只是站在那里抽烟聊天”[37]的情形同样不以为然。在20世纪六七十年代的计划经济政策之后，随着国家推进改革，人们找到了另一个努力工作的理由，除了国家建设，他们现在可以储蓄和积累财富。

人口中70%以上是华人的新加坡，总体上保留了儒家传统。虽然年轻的新加坡人可能不愿意像他们的长辈那样牺牲太多，但一种共同的世代趋势遍及整个东亚（可能也包括世界其他地区），勤劳仍然是大多数新加坡人贯穿其一生的重要价值观。一位社会学家曾观察到，新加坡华人“总体上认为，获取财富是人生最重要的目标之一，它本身就是目的；他们是不知疲倦的工人和充满热情的商人”。[38]新加坡是一个高度精英化的社会，每个人都被赋予平等的成功机会，这一事实也强化了人们努力工作的动机。人们会更有动力投入努力，因为他们知道，如果他们勤奋，就有更多的机会获得稳定和高薪的工作。就像任何其他国家一样，在富裕和人脉广泛的家庭中长大的孩子确实会增加上更好的学校和找到高薪工作的可能性，但对初中级学校和高校的大量补贴，以及上市公司和政府仅凭能力雇用工人的做法，确保了新加坡的社会流动性要高于其他许多国家。精英社会允许在经济中更好地配置人力资源。它还创造了一个竞争更加激烈的环境，学生们为获得更好的成绩而竞争，工人们为获得更好的工作而竞争，这就提高了整体标准。如果说有一位领导人懂得价值观对于经济增长的重要性，那就是曾任新加坡总理四十多年的李光耀，他在 1994 年说道："我们很幸运，因为我们的文化背景很好，我们崇尚节约、勤奋、孝顺和忠于家庭，最重要的是我们尊重学问和学习。"[39]

新教工作伦理

另一组实现系统化强劲增长的国家是那些信奉新教传统的国家，这些国家通常比那些信奉天主教的国家更加繁荣。有 15 个国家被传统地认定为新教国家：德国、荷兰、瑞士、瑞典、挪威、丹麦、芬兰、冰岛、爱沙尼亚、拉脱维亚、英国，以及那些现在主要由来自新教国家的移民组成的国家：美国、加拿大、澳大利亚和新西兰。在这 15 个国家中，有 13 个国家的人均 GDP 排在世界前 20 位。两个例外是爱沙尼亚和拉脱维亚，这两个国家的经济前景因为苏联统治而严重恶化。自从实行市场改革以来，这两个国家的经济都已恢复并迅速增长，这种趋势应该会持续下去。为了完整起见，另外七个人均 GDP 最高但非新教国家的是小城市国家（卢森堡、新加坡）、石油生产国（卡塔尔、阿拉伯联合酋长国）以及爱尔兰、奥地利和比利时。日本和韩国都在前 25 名之内。[40] 安格斯·麦迪森（Angus Maddison）对 1500~2000 年的西欧国家的一项研究表明，以新教徒为主的国家要比以天主教徒为主的国家产出了更高的人均 GDP，尽管新教在宗教改革之后才兴起，且这两组国家起步于 16 世纪相似的经济发展水平。差距的扩大一直持续到 1940 年，然后在 20 世纪 70 年代开始趋同（可能是由于欧洲一体化）。尽管最近出现了这种趋同，但人均 GDP 仍存在显著差异。[41]

事实上，历史上每一个信奉新教的国家都比信奉天主教的国家发展得更好，这绝不是巧合。是什么导致了这些不同的发展趋势？德国社会学家马克斯·韦伯（Max Weber）在 1905 年出版的《新教伦理与资本主义精神》（*The Protestant Ethics and the Spirit of Capitalism*）一书中给出的解释最受欢迎，但也极具争议。尽管韦伯本人并没有明确地将新教教义与经济繁荣联系起来（他关注更多的是新教教义的某些方面如何促进现代资本主义），但通常认为他所要诠释的正是新教徒如何因其价值观而变得更加富有，并目睹了他们的经济繁荣。根据韦伯的说法，天主教徒几乎没有积累财富的动力。他们认为只要屈从于教会的权威，他们就能得到救赎。对于救赎的教义，新教徒采取了非常不同的方法。虽然新教有许多派别，但他们都相信努力工作和物质上的成功是走向救赎的重要一步。追求金钱并不是一种罪恶；相反，积累财富是被鼓励的。工作变成了一种美德，而不是一种惩罚。[42]然而，仅仅勤劳是不够的：个人努力的结果才是美德的真正证明。这与仅凭信仰和道德就能确保救赎的天主教形成了鲜明对比。虽然这种基督教的分裂发生在几个世纪以前，但它所产生的不同的价值观，经代代相传，在当代社会中仍发挥着作用。

韦伯的理论在学术界不是很受欢迎。批评的主要路线是，新教国家发展得更好，是因为它们更重视教育和扫盲，而不是因为勤劳。[43]新教的兴起与印刷机的发明同时发生。教育成为理解《圣经》的途径。宗教改革运动的开创性人物马丁·路德（Martin Luther）认为，每个人都应该拥有一本《圣经》并阅读它。他鼓励追随者修建学校，学习阅读，唯一的目的就是理解上帝的话语。当时新教国家印刷的书籍越来越多，而天主教徒则被禁止印刷任何教会不喜欢的东西。罗马天主教会仍在用很少人能懂的拉丁文阅读《圣经》。只有牧师才能传授《圣经》。

识字率很可能在新教国家的经济发展中发挥了作用，因为它促进了通信、书面合同和簿记的改善，所有这些都降低了交易成本，提高了生产力。但是，如果识字率是唯一的因素，为什么经济发展的差异会持续到今天呢？西班牙、意大利和葡萄牙的识字率接近 100%，但它们的人均 GDP 仍远远低于北欧国家，近几十年也几乎没有任何趋同的迹象。大多数拉美国家的识字率很高，但它们的经济不像美国或加拿大那样发达，事实上是远远不如。新教国家在提高识字率方面可能占据了先机，但现在距离宗教改革已经有五个世纪了。几个世纪前更高的识字率无法解释当代社会经济发展的差异。基于衡量努力程度的困难和缺乏可靠的数据支撑，这场辩论永远不会完全解决。但不可否认的事实仍然是，不管每个国家制定的政策如何，历史上信奉新教的国家会继续发展得更好。

奴隶贸易的遗产

对勤劳最大的抑制因素是劳动的成果不能给从事工作的人带来任何好处。一个极端的例子是奴隶制：奴隶的收入很少甚至没有，他们被迫在主人手下干活。没有强制，奴隶将没有理由去做任何工作。

奴隶制的主要受害者是非洲大陆。据估计，在长达几个世纪的时间内，有 2000 万非洲人被奴役，奴隶贸易对非洲产生了巨大的负面影响。最大的奴隶贸易是跨大西洋的奴隶贸易，从 15 世纪到 19 世纪持续将奴隶运送到美洲。

奴隶制对非洲经济增长的影响一直是经济学家和历史学家南森·纳恩（Nathan Nunn）的研究重点。[44] 通过使用诸如航运记录的历史文献，同时比对船上奴隶的种族，纳恩注意到那些受奴隶贸易的影响最大的国家。在将这些观察结果与每个国家的经济发展进行比较后，他发现了奴隶贸易与经济发展之间的一个密切关系：奴隶贸易的最大受害者，同时也是经济增长最低的国家。刚果民主共和国、多哥、几内亚比绍和塞拉利昂是受奴隶贸易影响最大的国家，也是当今非洲（乃至世界）最穷的国家。相比之下，突尼斯、博茨瓦纳、纳米比亚等国基本上没有奴隶贸易，实现了更强劲的经济增长。另一种解释是，那些成为奴隶制受害者的国家一开始甚至在实行奴隶贸易之前就是最不发达的国家。但纳恩指出，事实上，当时最发达的非洲国家才是奴隶贸易的最大受害者。奴隶制的影响也涉及那些进口奴隶的国家。在美国，与有奴隶血统的黑人相比，那些其祖先未受奴役的黑人如大多数西印度人，受教育程度更高，收入也更高。[45]

奴隶制到底是如何阻碍经济增长的？有两种解释：其一，

奴隶贸易阻止了更大的民族群体的形成。这导致了更多的种族多样性，阻碍了对经济增长至关重要的政治结构的发展。其二，因为大多数奴隶都是被亲戚或朋友拐骗或欺骗，这造成了不信任的环境；正如我们后面章节要讨论的，信任缺失会阻碍进一步的经济增长。

较高的种族多样性通常（虽然不总是）导致人们之间的信任水平较低，这意味着上述两种解释是相关的。种族多样性和信任缺失无疑对于有着奴隶制历史的国家经济表现低迷影响很大。但是，如果仅仅是种族多样性问题，像新加坡这样的多元文化国家就不会经济繁荣；同样，如果仅仅是因为缺乏信任，那么信任水平非常低的拉丁美洲国家的经济增长速度就不会比大多数非洲国家快很多。

在我们看来，解释中缺失的一环是勤劳。几个世纪的奴隶制深刻地影响了人们对努力工作的态度，这种情况在奴隶制被废除后仍持续了很长时间。奴隶看不到工作的价值；相反，他们认为工作与剥削有关。作家卡洛斯·兰赫尔（Carlos Rangel）观察到，“许多因素阻碍了以奴隶制为基础的社会的发展：消极抵抗工作，这是奴隶的特征；折磨他主人的懒散的可笑威望；以及……如此不讲究守时的生活节奏。”[46]在那些提供奴隶的国家里，人们没有什么动力去努力工作，因为他们知道，在任何时候，如果他们不幸被迫上船去到一个遥远的地方和一个非常暗淡的未来，他们的财产都可能被没收，也没有任何自由了。这种对工作的消极态度源自几个世纪以来奴隶主的虐待，并一直持续到今天。

更高的增长潜力

那些试图从其他地方引进更好的工作伦理的国家发现，文化价值观不能在短时间内简单传递。它需要几代人的时间才能获得。马来西亚20多年来的领导人马哈蒂尔·穆罕默德(Mahathir Mohamad)对东亚经济体尤其是日本，非常推崇。他观察到这些经济体是如何通过勤劳、纪律和强有力的管理而繁荣起来的。他看到马来西亚的华裔已经变得非常成功，常常会哀叹马来人缺乏努力工作的动力，总是依赖国家资助。作为他“向东看”政策的一部分，马来西亚学生和实习人员被派往日本学习日本的价值观和专业技术，希望这些价值观能够渗透到马来西亚社会并进入一个经济增长的新时代。但这并没有发生。马来西亚人优先考虑的是强大的家族纽带关系，而不是财富或经济实力的积累。技术转让也未能实现。

我们坚信，有些社会的人通常而言要比其他社会的人更勤劳。日本和中国海外族群的系统性成功是通过努力和毅力实现的。勤劳并不总是转化为更高的经济增长，但它提供了更高的潜在增长。一个发展中国家如果有勤劳的人民并执行正确的经济政策，就有增长潜力，而且十有八九在一两代人的时间内发展成一个高度发达的国家。但如果一个社会的人不愿吃苦，那么它将很难跻身于繁荣国家的行列。他们可以实施所有正确的政策，但仅靠政策是不够的。缺乏努力工作实际上设置了一个增长上限，超过这个上限，一个经济体将无法实现进一步增长。这一规则的例外是那些拥有大量自然资源并有能力管理这些资源的国家。

第二章

节　俭

“无论是谁，德国人一般都很擅长不花钱。他一定要把最后一点牙膏从牙膏管里挤出来，有时为了不浪费，他甚至会用剪刀把牙膏管剪成两半。德国人教他的孩子们精准地按下液体皂泵以免使用太多。离开时随手关灯；在给头发涂泡沫时会把淋浴龙头关了，他总是会两次冲泡他的茶包。”[1]

德国人以节俭和厌恶债务而闻名。德国家庭一般会将可支配收入的10%存起来，这一比例是欧盟家庭平均水平的两倍。[2]德国人增加储蓄的动机与国家的经济前景无关。因为如果是那样的话，我们可以预计，随着这个国家经历一轮又一轮的经济繁荣和萧条，未来几年的储蓄都将出现大幅波动。然而，德国的储蓄率长期以来一直保持了显著的稳定。在全球金融危机前的繁荣时期，德国人没有背负更多债务，也没有增加支出。在经历了两次世界大战和史上最严重的恶性通货膨胀之后，即使德国人的大部分储蓄在20世纪三次化为乌有，他们还是耐心地将收入的很大一部分储存起来，以重建个人财务。

德国人从小就被教导节俭的重要性。该国的储蓄银行，有促进储蓄的法定责权，会定期走访当地学校，传授节俭美德。每年10月底，德国是少数几个仍在庆祝世界节俭日的国家之一，在这一天，孩子们会把积蓄存进银行。德国人几个世纪以来一直是储蓄者。他们节俭的起源可以追溯到18世纪末，当时第一家储蓄银行成立。其他银行也纷纷效仿：到1900年，在当时被称为普鲁士的地方有超过800万的储蓄账户。[3] 那时，新教传统已经把放弃眼前的满足而追求未来的利益作为一种美德。

节俭和储蓄行为

与本书探讨的勤劳和其他文化价值观类似，节俭通常被定义为谨慎使用金钱，是一种人们会体现为不同程度的价值观，主要形成于童年时期。父母节俭的孩子表现出的节俭程度与父母相当，即使当他们的收入与父母的收入存在实质性差异时也是如此。[4] 人们对节俭的态度很少会随时间而改变：如果在青少年或青年时期就节俭，我们通常会在一生中保持节俭。

与节俭相关但又不同的一个概念是个人或家庭的储蓄率，

它衡量的是我们留出多少可支配收入；换句话说，就是没有花费（或“消耗”的东西）。如果我们每个月的可支配收入是1000美元，月末我们还剩下100美元，那么我们的储蓄率就是10%。每个个人或家庭都有自己的储蓄率，有些人储蓄得多，有些人储蓄得少。把一个国家每个家庭的储蓄率加起来，就会得到全国家庭储蓄率，即每个家庭从收入中储蓄的平均比例。[5]

影响储蓄率的因素有很多。人们存钱是为了更好地为将来的支出做准备，比如医药费、学费、退休、结婚、子女、偿还债务、新车、奢侈品牌手包或度假。在年老的时候，我们可能希望节省下来一笔遗产。收入水平很重要：收入越高的人储蓄越多。预期寿命、孩子的数量、财产、目前的经济状况、社会保障制度、税收制度、通货膨胀、利率、政府未来的财政政策、金融市场和教育水平等，都有可能对储蓄率产生影响。

很少有经济学家会把节俭包括在这个清单中，他们认为节俭在决定人们的储蓄率方面没有作用，或者充其量只是一个边际作用。不同的社会有着不同的个人储蓄率：中国家庭的储蓄率远远高于美国家庭。但这些差异是否与节俭或上述的其他因素有关呢？困难在于如何厘清各种可能的原因，以了解哪些因素对储蓄率的影响最大。

评估节俭对个人储蓄率可能产生的影响的一种方法是查看调查数据。“世界价值观调查”询问参与者，是否应该鼓励孩子在家学习节俭的品质。通过比较 53 个国家的样本中把节俭视为一种影响国民储蓄率的重要品质的人口比例，一种强相关性出现了：那些将节俭作为一种重要的价值观教育给孩子的国家储蓄率一般会更高。[6]

另一种方法是观察特定国家移民的储蓄行为，并将其与他们母国的普遍储蓄率进行比较。如果移民，尤其是第二代或第三代移民，与当地居民的储蓄率有很大差异，但与他们的原籍国相似，这就告诉我们制度因素不是唯一的原因。如果在美国定居了几十年的中国移民与同等收入水平的美国家庭相比，继续把收入的很大一部分存起来，那么合乎逻辑的结论是，他们对储蓄的态度仍然根深蒂固。

多年来，这个争论似乎已经解决了。1994 年针对加拿大移民的一项研究发现，移民原籍国之间的储蓄率没有差别。研究报告的作者承认，这项研究存在几个不足之处：原籍国只提到了五个地区，而不是具体的国家（比如，中国和东南亚被捆绑在一起），而且样本量很小，在某些情况下，每个地区只涉及 150 名移民的样本。[7] 作者在 1998 年的一项新研究中试图解决这些不足，这次的关注点是美国。他们发现，根据移民原籍国的不同，他们的储蓄率存在很大差异，但却无法将这些储蓄率与原籍国联系起来。例如，尽管意大利、希腊和葡萄牙的储蓄率远低于中国和韩国，但在美国的意大利、希腊和葡萄牙移民的储蓄率要高于中国和韩国移民。虽然这不是作者的结论，但这被认为是节俭或其他价值观在决定个人储蓄率方面没有或只有很少作用的证据。

许多人当时没有意识到的是，美国并不按出生地或族裔提供个人储蓄率数据。1998 年的研究是通过比较 1980 年人口普查和 1990 年人口普查的家庭平均财产而计算出的储蓄率，而这两项人口普查是以财产的差异来替代储蓄的。这是有问题的，因为在 10 年的时间里，每个族群的移民人口数量会发生巨大变化，同时不同经济实力的移民在不断地进入和离开这个国家。即使因为在人口普查中无法查到相关数据而致使财产组成部分不得不粗略估计，情况也是如此。以利息和股息收入的资本化价值计算的金融财富被加到每个家庭拥有的房屋净值上。住房市场价值包含在人口普查中，但没有包括抵押贷款，所以抵押贷款这部分必须估算。这种方法有缺陷的一个明确证据在于，占当时美国总人口 92% 的在美国出生的家庭的储蓄率以这种方法被估算还不到美国实际储蓄率的一半。[8]

最近，进一步的研究开始关注那些可以提供按原籍国分列的储蓄率数据的国家中的第二代移民。2017 年的一项针对德国的研究发现，来自 69 个不同国家的第二代移民的储蓄率与他们原籍国家的储蓄率密切相关。[9] 换言之，即使在德国生活了几十年，移民仍保持着与他们原籍国相似的储蓄行为。[10] 2018 年的另一项研究调查了英国的第一、第二和第三代移民，也发现了类似的结果。[11] 在英国的中国移民存下了他们收入的很大一部分，这与中国的储蓄率保持一致，而那些来自加纳的移民，即使在英国的收入水平与中国移民相似，他们的储蓄却很少。这种相关性即使在第三代移民中也很强，尽管他们也会受到与其他完全相同的制度因素的影响。这些研究表明，在人们的储蓄行为中，节俭这一价值观是一个重要的因素，而且比人们通常认为的要重要得多。

个人储蓄与国家储蓄

并不只有个人在存钱，企业和政府也在储蓄。一定时期内的商业经营所得减去股息和税收后的净利润，再除以收益，就代表了一个公司的储蓄率。政府的盈余或赤字取决于其收入是高于还是低于公共支出。将一个特定国家的三个经济主体（家庭、企业和政府）所有的储蓄合并，然后除以那个国家的总收入（国内生产总值 GDP），就得出国民或总储蓄率，它反映了一个国家的储蓄总量。[12] 20% 的国民储蓄率意味着家庭、企业和政府将收入的 20% 用于储蓄；换言之，国民总储蓄就是一个国家的国内生产总值扣除最终消费的部分。[13] 当谈到一个经济体的运行状况时，国民储蓄率（而不是家庭储蓄率）是首选指标，因为它们代表了所有市场参与者的总储蓄。国民储蓄率的数据也比家庭储蓄率更容易获得，也更可靠，特别是在发展中国家。

节俭不太可能在决定企业储蓄率方面发挥太大作用，因为绝大多数企业的目标是实现利润最大化。就政府而言，个人储蓄率高的国家往往拥有较高的政府储蓄。每年，出现政府盈余的国家大多是那些家庭储蓄率高、传统上被认为节俭的国家：挪威、列支敦士登、冰岛、瑞典、新西兰、德国、荷兰、韩国、卢森堡和瑞士。[14] 因此，对个人财务精打细算的决策者在管理国家财政时也会精打细算。德国的决策者以他们的财政纪律严格著称，每当公共赤字飙升时，他们就会感到不安，他们的大多数同胞也会有这种情绪。两德统一后，德国在前东德地区的基础设施建设上投入巨资时出现过这种情况，之后的2007~2008年金融危机时又出现了这种情况。每当这种情况出现时，决策者的首要任务之一是重新平衡他们的公共财政。联邦政府的结构性赤字被法律限制在国内生产总值的0.35%，而国家想要系统化实现的目标是“零”，即平衡预算。尽管这一政策有时因公共财政和私人家庭财政的无区别对待而遭到诟病，但仍被大多数德国人所接受。北欧国家、瑞士、中国台湾地区和新加坡也因其财政纪律严格而闻名。

因此，节俭在决定国家财政收支平衡方面起着一定的作用。

但我们也需要了解一些事实。首先，富裕国家主要是那些拥有公共盈余的国家。即使贫穷国家的决策者想要平衡预算，他们也往往无法做到这一点，因为收入有限。其次，有些节俭（或至少家庭储蓄率高）的国家最终也出现了巨额公共赤字，比如日本。最后，可能最重要的是，管理一个国家的财政与管理个人收入有很大的不同。平衡的财政预算可能会以家庭或企业为代价，并对经济产生不利影响。如果政府大幅增加税收或减少支出，公民和企业可能会感到手头拮据，并决定（或被迫）减少消费和投资。政府应该致力于在财政纪律和经济增长之间取得合理的平衡。

因此，节俭很可能在国民储蓄率中发挥作用，但主要是在家庭层面，这往往构成了国民储蓄率的重要组成部分。与其他因素相比，我们不知道节俭对国民储蓄率的影响程度。但是，如果就像通常做的那样完全忽视节俭这一价值观，我们便无法真正理解为什么国家之间的储蓄率随着时间的推移会有如此大的差异，不管那些国家采取了什么政策。

世界各地的储蓄率

东亚和北欧国家是世界上储蓄率最高的国家。2018 年，中国储蓄了 46% 的收入，新加坡 53%，韩国 35%。日本的比例明显偏低，只有27%，但与国际相比仍然很高。挪威储蓄了国内生产总值的36%，荷兰32%，瑞典30%，丹麦29%，德国29%，芬兰23%。[15]同样有着超高储蓄的是那些拥有大量自然资源并管理良好的国家：文莱（占国民储蓄的56%）、卡塔尔（48%）、博茨瓦纳（37%）、阿尔及利亚（38%），以及科威特（35%）。这些国家的个人储蓄率并不高，但它们从自然资源中获得的丰厚收入，使它们能够将国民收入的很大一部分储蓄起来（在这种情况下，节俭不起作用）。

从历史上来看，新教和儒家社会的储蓄率一直较高，这两种社会都强调为了未来的享受而推迟当前消费的重要性。2013年的一项全球调查研究要求参与者在本月获得3400美元和下月获得3800美元之间做出选择。[16]这其中隐藏的年化利率是280%，从而使得第二种选择更具吸引力。90%的德国人和超过75%的斯堪的纳维亚人选择等待，以获得那额外的收益。但只有43%的意大利人、47%的希腊人和48%的西班牙人作此选择，而来自这些国家的大多数受访者宁愿立即兑现3400美元，也不愿再等一个月去拿到更多的钱。最不愿意再等一个月的是尼日利亚人：只有8%的人选择再等一个月。[17]

中国家庭传统上被认为是节俭的，他们会将收入的40%存起来，是世界上储蓄率最高的国家之一。自20世纪80年代以来，另一个可能对较高储蓄率产生影响的因素是独生子女政策。之所以有此推断有两个原因：一是只有一个孩子的家庭开支更少，因此能够存更多的钱；另一个原因是，孩子越少，父母在年老时能够得到的经济和身体上的支持就越少，因此他们会决定存更多的钱。耶鲁大学的塔哈·乔赫曼（Taha Choukhmane）为说明独生子女政策带来了更高的储蓄率提供了令人信服的证据。通过利用调查数据，他与他的同事们一起比较了双胞胎家庭和只有一个孩子的家庭储蓄率，发现双胞胎家庭的储蓄率比只有一个孩子的家庭储蓄率低约 10 个百分点，这是一个显著的差异。[18] 少生孩子并不会系统化地提高储蓄率：许多国家的生育率下降了，但储蓄率也并没有上升。但在中国，自 20 世纪 70 年代末开始的每个家庭的孩子数量急剧下降（从 3 个变成 1 个）确实带来了更多的储蓄。

储蓄意愿与储蓄能力

较贫穷国家的储蓄率往往较低。在毛泽东时代，中国一穷二白，储蓄也很少。在邓小平领导下的中国实施改革开放以后，中国人也并没有突然变得节俭起来。毛泽东时代的中国人和今天的中国人一样节俭，只是那时候他们没有能力储蓄。贫穷国家的人可能想要把他们的一部分收入存起来，但他们做不到，因为收入低，同时还需要购买诸如食品、服装、住所等基本必需品，与那些生活在富裕国家的人们相比，消费这些必需品在他们的收入中占了更高比例。虽然没有可靠的数据可以证明，但朝鲜有可能就是一个节俭但储蓄率非常低的国家。

如果朝鲜的经济前景有所改善，随着人们收入的提高，其储蓄率无疑也会上升。随着中国越来越富裕，家庭和企业能够将越来越多的收入用于储蓄。国家越富裕，储蓄就会增加。一项对 62 个国家进行 1967 年和 1995 年比较的研究表明，国民储蓄率会随着收入的增加而增长，但随着收入的增加，储蓄的增长速度较慢。[19] 就个人储蓄率而言，当实际储蓄率与期望储蓄率一致时，储蓄率就不再上升了。

作为一种文化价值观的节俭是储蓄的意愿，它反映的是每个社会特定的平均期望储蓄率。我们是否真的达到期望的储蓄率取决于我们的能力，而这又取决于收入水平。快速增长的经济体见证了储蓄率的提高，因为家庭、企业和政府能够将收入中的更大一部分存起来。

这并不是说周期性或结构性因素在调整储蓄率方面没有作用。美国、英国、加拿大和澳大利亚的家庭和企业都在 21 世纪头十年的中期降低了储蓄率，一方面是因为低利率降低了借贷成本，另一方面也是因为人们对经济前景信心十足。在经济低迷时期，个人和企业会变得更加谨慎。他们最终会减少消费和投资（因此会增加储蓄，只要他们的收入水平不降低）。在其他因素中，利率、通货膨胀和税收的周期性变化都会影响储蓄决策，至少是一种暂时性的影响。

调整家庭、企业和政府收入占 GDP 的相对比例的周期性或结构性政策也会影响国民储蓄。德国的国民储蓄率从 2000 年的 22% 大幅增加到 2018 年的 29%，但这与德国家庭变得更加节俭无关：他们依然存了其可支配收入的 10%。这与德国在 21 世纪初推行的劳动改革有很大关系，改革导致工资增长速度减慢。[20] 因此，家庭收入占 GDP 的比例下降。当家庭储蓄其可支配收入的 10% 而国家“储蓄”又很少时，绝大部分的国民储蓄都是由当地企业完成的。因为在经济繁荣时期，工资却滞涨，这就使得企业的储蓄增加，从而国民储蓄率上升。从 2000 年到 2010 年，中国也出现了类似的情况，国民储蓄率的大幅增长主要是由于企业和政府更多的储蓄（在此期间，家庭储蓄也有增长，但增幅没有那么大）。由于工资的增长速度没有跟上国家生产率的增长，中国的公私企业都能够将更高比例的收入存起来，这也导致了国家税收的增加。

然而，人们常常利用周期性或结构性因素来证明当前储蓄率的合理性。中国异常高的家庭储蓄率通常被归因于相对薄弱的社会福利。失去了铁饭碗的中国家庭，就像传说中那样，必须存更多的钱来支付失业、医疗、退休和其他费用。然而，有无数的例子可以证明这样的观点是错误的。根据这一推理，福利制度弱于欧洲大陆的美国或英国的储蓄率应该比欧洲大陆高得多，但事实却恰恰相反。有些国家有很好的福利支持，但仍把大部分收入存起来。瑞典和瑞士拥有世界上最好的社会保障体系，但也是储蓄率最高的国家。中国、瑞典和瑞士的储蓄率高，部分原因是这些国家的人民天生节俭，能够存下或者接近他们想存的钱的数量。周期性和结构性因素也会产生影响，但它们不是这些国家高储蓄率的主要原因。

储蓄、投资和出口

储蓄不会只是闲置。它们最终会进入投资领域，用于未来消费的资产（工厂、设备、机器以及越来越多的研究和知识产权）。并非所有的投资都是生产性的：修建不重要的桥梁、建造空城或者挖洞并填满它们，可能会通过为失业者提供就业机会而帮助经济从严重衰退中复苏，但这很难成为经济增长的良方。银行通过将个人和企业储蓄用于投资并在储蓄进入投资领域的过程中发挥了重要作用。储蓄率更高的国家通常会有更高的投资率。

并不是所有的国内储蓄最终都用于国内投资，也不是所有的国内投资都是通过国内储蓄来融资的。在一个开放的经济体中，投资也将得到国外资金的支持，当地储蓄也将为国外投资提供资金。根据定义，储蓄越多的国家消费越少。面对国内需求的下降，企业如果想进一步扩张，就必须在国外找到买家来购买他们生产的商品和服务。相反，那些储蓄率低因而消费率高的国家会吸引国外资金，因为当地企业更关注国内市场。这可能不足以满足当地对商品和服务的高需求，从而吸引外国公司进入当地市场（如果被允许并能够这样做的话）。因此，储蓄率高的国家往往出口多于进口，而储蓄率低的国家则相反。根据最新数据，在 24 个国民储蓄率超过 30% 的国家中，有 15 个（或 63%）是净出口国。如果对比 194 个国家中只有三分之一是净出口国的数据，这是一个相当高的比例。[21] 只有 9 个国家在高国民储蓄率（超过 30%）和净进口之间有着非同寻常的组合：印度、孟加拉国、斯里兰卡、尼泊尔、菲律宾、阿尔及利亚、马耳他、埃塞俄比亚和马其顿。这反映了国内投资甚至高于国内储蓄的情况。这是不寻常的，因为我们原本认为本土企业在出口市场上会更加活跃。可以解释这种矛盾的原因包括公司规模的限制，因为很少有公司规模大到足以参与国际竞争；出口程序复杂也会消磨出口的动力；汇款的影响；境外金融中心的主要目的是税收。

这里的结论是，在少数例外情况下，高储蓄率的国家有着高投资率和净出口，输出其超过国内投资的过剩储蓄。而低储蓄率的国家通常其储蓄少于他们的国内投资，所以不得不通过国外借款（或向境外实体出售资产）来弥补差额，从而出现经常账户赤字。[①] 这些不同的结构具有深刻的政策含义，其中之一就是节俭国家和不节俭国家之间日益扩大的差距，而这会不可避免地导致全球失衡。

全球经济失衡

节俭村和挥霍村是两个面积相等的邻近岛屿。它们开始都自给自足，食物是它们生产的唯一产品。随着时间的推移，节俭村决定增加其食物产量以储存更多。现在它们有了超过自己需求的食物，可以将剩余的食物出口到挥霍村以换取债券，即一种延期支付的凭证。挥霍村简直不敢相信自己的运气：它们不用工作就能得到食物。但到了某个时刻，节俭村开始质疑挥霍村在债券到期时偿还债券的能力。因此，它们不再要求更多的债券，而是开始购买挥霍村的土地；毕竟，挥霍村更有可能拖欠债券，而不是没收节俭村所获得的土地。最终，挥霍村的这一代人以最少的努力获得所需的所有食物，但也给未来的几代人造成了严重损失，因为它们将不得不应对偿还经济债务的

① 经常账户表示的是商品和服务的进出口余额，也包括其他一些较小的项目。根据定义，国内储蓄和国内投资之间的差额就是经常账户余额。

后果。

沃伦·巴菲特在 2003 年《财富》杂志的一篇文章中谈到中国和美国时描述了上述场景，虽然高度简化，但它阐述了当国家的过剩储蓄被其他国家吸收时的潜在后果。[22] 尽管外债不断增加，但由于美国经济的基本实力以及美元在国际贸易中的主导地位，美国不太可能发现自己的偿债能力是一个值得担忧的问题。但美国相对较低的储蓄率，加上中国和日本等高储蓄国家的出现，就导致了一种不平衡，因为这些国家为了保持低汇率，通过购买政府债券将过剩的储蓄转移到美国，以降低作为抵押贷款和其他长期借款基础的长期利率。这些低得不正常的长期利率，在正常情况下不受央行控制，刺激美国消费者以更低的成本承担额外债务。在很大程度上，中国储户为美国消费者渴望承担的债务提供了资金。次贷危机有多种根源，但低的长期利率是导致债务不断增加的一个重要因素。

储蓄失衡也在欧洲产生了影响。德国的高储蓄率，加上较低的工资（由于前面所述的劳动改革）和有竞争力的德国工业促成了巨大的贸易顺差。作为欧元区的一员，德国不受货币升值的影响，货币升值会使其出口竞争力下降。德国过剩的储蓄流入了包括南欧国家在内的其他国家，导致那些国家借入越来越多的资金。2010 年的欧洲危机使得“节俭的”北方（主要由德国组成）不愿救助“挥霍无度的”南方，除非这些国家采取切实措施来平衡他们的收支。但消费习惯难以改变：10 年后，随着新冠疫情大暴发迫使欧盟领导人就欧洲经济刺激方案进行谈判时，同样的南北分歧又出现了。

人们不能指责高储蓄国家将其经济结构建立在人口节俭的基础上。中国和德国完全有权利出口它们过剩的储蓄。正如巴菲特文章中的挥霍者所意识到（虽然太晚）的那样，尽管全球失衡已经存在，但低储蓄率国家的决策者还是应该管理他们的经济。这就需要对流入国内的国外储蓄进行适当的监管，同时也需要更好地保护本国消费者，因为如果他们不节俭，可能会导致自己大量举债。

人口老龄化和消费主义的兴起

两种趋势正对世界各地的储蓄率产生长期影响。

第一种可以在人口统计学上找到。许多富裕国家储蓄率下降，并不是因为其国民不再那么节俭，而是因为人口老龄化，退休人员无法像他们希望的那样存更多钱。那些退休的人不得不精打细算比他们过去收入低得多的养老金，这意味着他们的基本消费水平在收入中占比更大。他们想要存更多的钱，但却无能为力。这一点在日本和韩国尤为明显，这两个国家是老龄化速度较快的国家。尽管这两个国家的国民储蓄率仍相对较高，但它们一直在稳步下降，特别是个人储蓄率下降更快。在 20 世纪 70 年代和 80 年代，这两个国家都是世界上家庭储蓄率最高的国家之一，家庭储蓄约占其收入的四分之一。如今他们的储蓄要少得多：韩国家庭储蓄不到收入的 10%，日本家庭储蓄则不到 5%。[23] 这并不是因为韩国和日本国民变得不那么节俭了，而是家庭总体数据掩盖了几代人之间的鲜明对比。韩国和日本的中青年仍然会根据他们对节俭的重视程度将收入的很大一部分存起来，但越来越多的退休人员没有能力储蓄。60 岁以下的日本公民仍然会把四分之一的可支配收入存起来，而 60 岁以上的公民的储蓄率为负，这实际上耗尽了他们曾经积累的财富。[24] 尽管日本和韩国的生活成本很高，但与经合组织（Organization for Economic Co-operation and Development）的其他国家相比，其国家养老金较低。在这两个国家，国家养老金经常以家庭成员的经济支持作为补充。[25]

一般的经济学理论认为，理性的个人会对未来收入的预期值进行贴现，以决定其一生中应该把收入的多少存起来（可能在有生之年以遗产的形式）。根据这个理论，年轻人几乎没有储蓄，而是承担了更多的债务，因为他们预期未来更高的收入能够偿还这些债务。随着年龄的增长，他们偿还债务的同时会将更多收入存起来。临近退休，他们的预期寿命缩短，他们的资产减少了，储蓄也更少了。当我们把目光转向美国、日本或韩国等国家时会发现，人口老龄化伴随着较低的储蓄率，这会导致一些人得出结论，即退休人员储蓄率较低是储蓄动机较低的结果。然而，在公民享有丰厚养老金的国家，这一理论并不成立。德国、瑞士、奥地利和北欧国家的人口也迅速老龄化，但却保持了相对较高的储蓄率（无论是国家水平还是家庭水平）。这些国家的退休人员会一如既往地存钱，这与他们重视节俭的价值观一致，因为他们有能力这样做。日本或韩国的退休人员并不是因为寿命较短而储蓄较少，他们储蓄得更少是因为他们负担不起更多的储蓄。在中国，家庭储蓄曲线呈U型，即年轻和年长的家庭储蓄高于中年家庭，这与一般经济学理论恰恰相反。中国人通常和家人住在一起直到他们结婚，但会让父母支付他们的学费。当他们开始工作，他们的开支会很少。因为他们天生节俭，所以会把大部分收入都存起来了。终其一生，他们都愿意继续把收入的很大一部分存起来，但随着他们结婚并搬出来，生活成本开始增加：房子、孩子，也许还有一辆车。他们觉得有责任赡养住在同一屋檐下的长辈。尽管收入水平不断提高，但这些支出使得他们无法尽可能多地储蓄。当他们退休后，他们的孩子在经济上独立，也会赡养他们，这使得退休人员可以把他们的实际储蓄率提高到接近他们希望的水平。

另一种影响储蓄率的长期或结构性趋势是消费主义的兴起：这一消费占收入比例不断增加的趋势推低了储蓄率。1930

年，经济学家约翰·梅纳德·凯恩斯（John Maynard Keynes）发表了一篇题为《我们子孙后代的经济可能性》（*Economic Possibilities for our Grandchildren*）的文章，他在文章中想象了一百年后生活的样子。[26]他预测生活水平将提高8倍，人们可以积累财富而且每天工作不超过3小时。事实证明，凯恩斯关于更高生活水平的观点非常准确，从1930年到2010年，美国的人均实际收入（经通胀调整）增长了5.6倍。[27]我们比80年前的祖先多挣了5.6倍（同样，按实际价值计算）。

但凯恩斯没有预料到的是，我们没有更多的储蓄。我们赚得更多，但我们花得也更多。2010年的一项研究表明，“美国工薪家庭的中位数所持有的现金、支票、存款或货币市场账户不到一个月的收入”。2005年的另一项研究发现，在英国，“相对于发薪日后第一周的支出，每月最后一周的支出整整下降了18%”。[28]尽管收入水平要高得多，但普通工人和他几十年前的祖先面临着同样的经济困难。

这是怎么发生的？在消费主义社会中，对大多数人而言，收入越高，“需求”就越大。如今，我们中的许多人“需要”最新款的智能手机、奢华的度假体验或昂贵的晚餐。就人生中这些特殊时刻而言，费用通常是次要的考虑因素：在英国，一场婚礼的平均花费约为3.5万美元，相当于该国的平均年收入。[29]其中有一些消费决定是由渴望、需要所驱动的，以显示更高的社会地位，这是“炫耀性消费”的标志。

在市场经济中，商家往往会利用消费者的心理弱点和无知来诱使其购买各种商品，无论它们是否与消费品、房屋还是复杂的金融产品有关。这并不是说自由市场是件坏事，事实上远非如此。但如果不加以监管，它们就会导致过度行为，正如全球金融危机所表现的那样。人们，尤其是那些学历较低的人，最终会超支的一个主要原因是缺乏个人理财方面的教育。一项调查显示，只有60%的美国人理解，如果他们的储蓄账户每年回报率为1%，而通货膨胀率是2%，那么一年后他们的钱所能买到的东西会比现在少。[30] 在2002~2007年的经济繁荣时期，人们在没有收入或收入很少的情况下实现了买房的梦想，他们被零首付和诱人的利率所吸引，但却没有意识到他们的抵押贷款在几年后会造成的财政负担。需要制定法律法规来保护那些最脆弱的人。盎格鲁－撒克逊国家的金融市场较为成熟，为许多家庭提供了更容易获得信贷的渠道（与欧洲大陆银行占主导地位的经济体相反），这也解释了为什么美国或英国的低储蓄率趋势更为明显，尽管它们都是新教国家。消费主义也在其他地方扎根，包括节俭价值观根深蒂固的地方。在中国和印度，节俭的老一辈人难以置信地看着他们的子女或孙辈消费占收入的比例越来越高。

自我控制

消费主义的兴起反映了商家让人们花更多钱的方式越来越有创意，但也反映了人们缺乏自制力。大多数人都明白，他们不应该像现在这样花那么多钱，而应该为晚年存更多的钱，但他们通常缺乏这样做的意志力。给他们更多的钱或取消他们的债务都不能解决问题。人们最终还是会重拾老习惯。在菲律宾曾做过一项实验，参与实验的低收入人群的所欠债务得到全额偿还后，几乎所有人最终又重新陷入债务。[31] 取消债务可以有所帮助，但如果储蓄不足的原因没有得到适当解决，单靠取消债务并不能增加储蓄。

增加储蓄的一种方法是强迫人们存更多的钱，例如强迫他们为退休账户存入更多的钱。瑞士、澳大利亚以及许多其他国家都强制实行私人养老保险。[32] 增加储蓄的另一种方法是为人们提供一个新的、有吸引力的选择。20 世纪 80 年代初，当智利允许其民众退出国家养老系统从而进入私人养老系统，这样他们可以跟踪自己的缴款情况时，人们对此反应热烈，并最终创造了拉丁美洲最高的国民储蓄率。[33] 让人们存更多钱的一个更微妙的方法是推动他们。在美国，在自动将工人纳入退休系统的同时，也允许他们可以选择退出，这一举措反而使参与比例从 10% 提高到 80%。[34] 类似于收入增加存款就会自然增加一样，纳入退休系统的人数攀升也带来了高得多的存款。人们只是对他们本应密切关注的问题有所忽略了。

在发展中国家，自制力还涉及使用银行账户。尽管在过去的10年间取得了显著进展，但撒哈拉以南的国家只有35%的人口拥有银行账户。[35] 当你把钱放在床垫下，或在你触手可及的范围内，把钱花掉的诱惑会大得多（钱被偷的风险也大得多）。如果钱花光了，人们通常会为此找到借口，比如再努力工作一点、做一份兼职或向朋友借钱就补偿回来了。

在贫穷国家开设一个银行账户并不像看上去那么容易。银行的费用很高，而且通常不愿意让低收入者开立账户，因为他们的存款余额小，会产生较高的管理费用。一些银行会要求最低账户余额，否则他们无法从当地银行进行存取。开设账户所需要的文件可能不为那些受教育程度不高的人所理解，或者根本就没有（不是每个人都持有身份证件）。一些人也很难相信银行能妥善保管他们的存款。然而，拥有一个银行账户确实很重要。在乌干达，持有新银行账户的人在12个月内的存款是没有银行账户的人的3倍。[36] 在世界的其他地方也发现了类似的情形。[37]

解决方案很可能来自技术。银行逐渐被人们所忽视，而手机支付和手机账户开始越来越流行。据信，撒哈拉以南的非洲有五分之一的人拥有一个手机账户。[38] 十年内，这个地区就成为了“移动货币”的全球领导者，尤其是东非。[39]阿比吉特·巴纳吉（Abhijit Banerjee）、埃丝特·迪弗洛（Esther Duflo）是卓越的学院派经济学家，他们探索世界究竟是如何运作的。在《贫穷的本质》（*Poor Economics*）一书中，他们描述了穷人用来提高储蓄自控能力的各种巧妙方法，比如让熟人管理他们的存款。他们还描述了一些人如何以高利率贷款，并将其存入储蓄账户，这样他们就会有为了某个特别活动而存钱的约束，比如女儿的嫁妆。这些都是小小的推动，但却能对储蓄模式产生很大影响。[40]

第三章

信 任

在 2020 年 3 月 5 日发现首例新型冠状病毒肺炎病例后，南非迅速做出了反应。十天之内，学校停课，国家边境关闭，大型集会被禁止。2020 年 3 月 27 日，该国已进入全国封锁，这是世界上最严格的封锁之一。户外运动被禁止，酒类和烟草销售也被禁止。一名男子因违反规定上班并传染他人而被控谋杀未遂。所有违反封锁规定的行为都被处以重罚。超过 7 万人的军队部署在街头实施封锁。然而，令人惊讶的是，尽管采取了这些严厉措施，新病例和死亡人数仍持续上升。官方数据显示，截至 2020 年 9 月底，该国已有近 70 万病例和 1.7 万人死亡。

泰国几乎也在同一时间实施了封锁，但采取了一种更温和的方式——允许人们在户外活动。这个东南亚国家的人口规模、生活水平和每户人口数量与南非相当，但在抗击此次大流行病方面却成功得多。截至 2020 年 9 月底，泰国仅记录了 3600 个病例和 59 例死亡。这两个国家的数字可能都被低估了，但毫无疑问，泰国在控制疫情方面做得更好。

对于他们的方法为什么没有达到预期的效果，南非的决策者并不是唯一一个对此感到困惑的国家。秘鲁也迅速做出了反应，实施了严格封锁。然而，病毒仍在继续传播，其按人口计算的平均死亡数与未实施全国封锁的巴西一样多。事实上，拉丁美洲的所有国家无论采取什么政策都难以遏制疫情。事情的另一个极端是日本，该国没有实施严格封锁，政府只是建议其公民采取预防措施，人们可以自由选择遵循这些规定或无视它们。大多数日本人继续通勤上班，出现感染病例也没有处罚。当时该国基本不进行检测，只是对提交病例中有最严重症状的进行检测。尽管日本的人口是南非的两倍，人口年龄也更大一些，因而风险也更大，但日本记录的所有病例和死亡人数只占南非的一部分。

封锁，无论多么痛苦，连同配戴口罩和追踪接触者等其他手段，对于大多数国家来说都是防止病毒传播的必要措施。但是，这些不同的措施并不能完全解释为什么一些国家尽管采取了严格的措施，却未能控制住病毒的传播，而另一些国家采取的措施要松散得多，却相对没有受到严重影响。我们经常忽略的是人们的行为以及世界各地人们的行为有何不同。遏制病毒的措施只有在人们实际遵守这些措施的情况下才能有效。对于这些措施，大多数人会遵守，但少数人不会。在有些国家，这种叛逆的少数群体可能相当大，他们会以对生计和经济造成毁灭性影响的方式阻碍地方当局的努力。在泰国和日本，绝大多数人会努力遵守规则和指导方针。但在南非，多达 23 万人因违反封锁限制而被起诉。[1] 在欧洲的大部分地区和美国，当局敦促个人承担责任，劝诫公民遵守社交距离并限制户外活动。但几天之内，大批人群就涌向公园或海滩，享受阳光明媚的周末。

为什么不同国家的人表现得如此不同？在很大程度上，这是我们对他人是否信任的结果。如果我们相信别人会做正确的事，我们也会做好自己的事。但如果我们不相信别人，我们就不会考虑自己的行为对他人会产生怎样的影响。配戴口罩就是一个典型的例子：大多数口罩并不能保护戴口罩的人，而是保护与我们密切接触的人。如果每个人都配戴口罩，那么我们都能得到很好的保护。但如果对别人缺乏信任，人们就会觉得自己配戴口罩没什么作用。截至撰写本书时，除了瑞典这个典型例外，每一个信任度较高的国家都成功地遏制了病毒的大流行。[2]

信任的价值

信任在我们的生活中发挥着重要作用，尽管我们可能没有意识到这一点。当我们思考信任时，通常会把它与人联系在一起：我们对家人、朋友、邻居甚至是从未见过的人的信任程度是不同的。我们会更信任一些行业：比如医生比保险经纪人更受信任。也有我们更信任的公司或品牌：连锁超市通常比互联网服务提供商或汽车销售公司更值得信任。有些人会更加相信新技术，积极接受新的产品或服务。我们有着不同信任程度的机构，包括政府、警察、医疗、军队、教会、学校、媒体、司法、工会等。出于本书的目的，我们主要关注的是对他人的信任，也被称为社会或人际关系，但在本章的最后我们还会讨论政治机构中的信任。

经济可以被描述为一系列的交易。当我们去餐厅或看医生时，一场交易就发生了：我们付钱来换取一种产品（食物、药物）或者一种服务（就餐中的服务、接受医疗咨询）。我们纳税并期望得到公共服务的回馈。发放贷款的银行和投资项目的公司都是交易的例子。没有交易，经济就不能正常运转。事实上，每一笔交易都需要某种程度的信任。当我们去餐厅时，我们相信呈现在我们面前的食物将是菜单中描述的那样，并且货真价实。而餐厅也相信我们有能力（也有意愿）买单。我们相信日常生活中所使用的钱的价值会得到保护。发放贷款的银行相信其客户会偿还贷款。投资新项目的矿业公司相信其工程师和投资者可以就项目的可行性提供准确的建议。

在现代社会，仅靠信任是不够的。我们不会盲目地相信医生能给我们好药，或餐厅能提供美味和健康的食物。政府不会只是相信其公民会纳税。银行也不会仅仅基于对客户的信任而发放贷款。在进行交易时，有多种方式来补足信任。最典型的一种是有效的法律和监管制度。如果我们不按照规定或约定纳税或偿还银行贷款，会受到处罚。药品在进入商业流通之前要经过严格的审查程序，而医生在被允许行医之前需要获得特定的资格。另一种补足信任的方法是收集尽可能多的信息。查阅餐厅、酒店或航空公司的相关评论可以降低我们体验不佳的可能性。在提供贷款之前，银行会进行广泛的背景调查，以评估申请人的信誉。企业投资同样要进行广泛的尽职调查。在没有法律支持的社会，威胁和报复可以是一种有效的方式，尽管存在争议，但它可以确保交易双方履行其职责。

各种补足信任的措施虽然必要，但代价可能很高。一套法律制度涉及许多程序、冗长的文档以及确保各方都遵守的潜在的昂贵法律费用。信任降低了交易成本，它提高了每天发生数百万笔交易的经济体的效率。其优势不仅仅是经济上的：更高的社会信任度与更低的犯罪率和幸福感有关。[3]

社会信任的衡量

想象一下，你被要求参与一款游戏，在游戏中你与一个从未见过的人配对。给你们每人 100 美元，然后你要决定希望给对方多少钱，而且你知道这个数额会翻 3 倍。然后另一个人也被要求做一个类似的决定：返给你多少钱，而且也知道这个数额会翻 3 倍。你愿意给多少钱?

如果我们是纯粹出于个人利益的理性人，我们一分钱都不会给对方。因为如果我们给出了一部分，而另一个人在拿到钱后一分钱也不返还，我们就损失了。然而实验显示了一个非常不同的结果：大多数人确实给出了一部分钱也得到了一些回报，使参与双方的钱比之前更多。我们给钱是因为我们坚信对方会回报我们。换言之，我们相信别人会以我们同样的方式行事。

这个简单的实验是由乔伊斯·伯格（Joyce Berg）和她的同事在 1995 年设计的。[4] 从那时起，已经测试了几个变体。如果参与双方互相认识，他们更有可能交换更多的钱，这是一个相当明显的结果，因为我们越了解别人，我们就越有可能去相信他们。（除非我们有充分的理由不相信他们！）参与双方的受教育程度越高，他们交换的钱就越多，这意味着受教育程度更高的人受他人信任的程度越高。年龄和收入也会增加交换金额。但如果参与双方来自不同国籍或不同种族，他们交换的钱会少一些。在一项实验中，参与双方来自两个不同的种族，12 次中有 11 次根本没给钱。[5] 我们更不信任那些被认为与自己不同的人。

当涉及全国数据和跨境比较时，就需要民意调查了。最可靠的跨境社会信任调查是由“世界价值观调查”组织进行的，该调查问了以下问题：“你认为一般来说大多数人都是可以信任的吗？”各种区域调查也可以深入了解特定地区的社会信任水平。[6]有几个与调查相关的问题我们应该注意：人们可能不会如实回答，也可能没有意识到自己愿意相信他人。调查问题可能有不同的解释：到底谁是“大多数人”？即使我们阐明这些人是我们个人不认识的人，那么它指的是同胞、外国人，还是两者兼有？在许多国家，同胞比外国人更受信任。跨国调查中的问题往往需要翻译成当地语言，而这可能会导致误解。最后，与所有全国调查一样，答复者的人数应该足够多，以便在全体人口中构成具有代表性的样本。尽管存在这些不足之处，但关于社会信任的实验数据和调查通常在国家层面上会得出相似的结果。[7]

北欧国家的社会信任度最高，大多数人一般都会信任他人。世界上社会信任度最高的五个国家是挪威、瑞典、芬兰、丹麦和冰岛。北欧国家的人有一种归属感，他们相信造福社会中一员的解决方案也可能造福整个社会。集体被视为高于个人。公司的结构是扁平化的，经常需要征求更初级的团队成员的意见。最终决策是经多方协商后达成一致，这虽然推迟了进程，但确保了决策得到广泛采纳。大约三分之二的瑞典人普遍信任他人，这一比例远远高于“世界价值观调查”中的其他60个国家。[8]瑞典不仅社会信任度高，而且非常稳定：自1981年以来的六次世界价值观调查显示，瑞典人的社会信任度在52%~64%之间波动。欧洲社会调查也发现了类似的结果，北欧国家在社会信任度方面的得分要远远高于其他欧洲国家。[9]

具有新教传统的国家也比天主教国家表现出更高的社会信任度。荷兰、德国、澳大利亚、新西兰和加拿大等国40%~50%的人口通常会信任他人。而历史上的天主教国家，比如法国、西班牙、葡萄牙、意大利和希腊等国的人则不太信任他人。在历史上信奉新教的国家，新教徒比天主教徒拥有更多的社会信任。在德国，新教徒的社会信任度几乎是天主教徒的两倍。[10]在荷兰和加拿大也有类似的数据。[11]然而在美国，新教徒和天主教徒的社会信任度几乎没有差异。[12]

在亚洲，中国是社会信任度最高的国家：约一半的受访者表示，他们通常信任他人。但似乎许多中国受访者也认为“大多数人”指的是那些他们已经认识的人，比如家庭成员、朋友和其他熟人，而不是完全陌生的人。当问题被改为“你相信初次见面的人吗？”时，只有11%的人做出了肯定的回答。[13]在北欧和其他历史上信奉新教的国家则没有这种差距：相信他人的一般水平和对初次见面的人的信任程度大致相同。这意味着中国的社会信任度不像世界价值观调查所显示的那样高。另一个社会信任度高的亚洲国家是泰国，这可能是由于佛教文化强调宽容他人。

事情的另一个极端是中东、非洲和拉丁美洲的公民不太可能相信他人。中东和非洲部分地区持续不断的冲突，以及许多非洲国家奴隶贸易的历史遗留问题，对增进人们之间的信任没有起到什么作用。拉美国家有着世界上最低的社会信任度：在巴西、阿根廷、哥伦比亚、智利和秘鲁只有5%~15%的人相信他人。82%的巴西人相信绝大多数人会不顾道德原则来寻求胜过他人。[14]

社会信任的起源

为什么有些社会几乎缺乏社会信任，而另一些社会的大多数人通常会相互信任？人们对社会信任的起源提出了各种解释：新教社会的低等级性、北欧海盗的长途贸易网络、自愿结社的传统、有效制度的建立、日益加剧的不平等、高水平的犯罪或奴隶贸易的遗留问题。我们永远无法确切知道每个社会中社会信任的真正起源，但它们似乎可以追溯到几十年前甚至几百年前。随着个人的成长，我们学会了相信或不相信他人。一旦我们认定他人是否值得信任，就会在一生中坚持这个信念，并把它传递给下一代。

社会信任随着时间的推移仍非常稳定，这一事实证明了社会信任是一种从一代传递到另一代的价值观。年复一年，在一个特定的国家或共同体中，即使将相隔数十年的数据进行比较，相互信任的人的数量也会基本保持不变。[15] 即使那些在其现代历史上经历了巨大经济变化的国家，其社会信任水平也大致保持不变。美国的数据进一步证明了社会信任的代际传递。自 1972 年以来，综合社会调查一直在追踪调查美国人是否相信他人，并记录参与调查者的种族。每年，最相信他人的美国人都是那些北欧后裔，平均比其他人的信任度高出 35%。这些北欧后裔对他人的信任程度与他们的母国水平相当: 瑞典血统的美国人相信他人的比例与瑞典公民相同。[16] 这些北欧后裔在美国已经生活了好几代人，由相同的机构管理，和其他美国公民受制于同样的政策，然而他们却比其他美国公民更相信他人。意大利裔或西班牙裔的美国公民对他人的信任程度则要低得多，这与意大利或西班牙的社会信任水平大体一致。

这并不是说社会信任不会随着时间的推移而改变。在个人层面，一个相信他人的人可能会因为一个突发性事件或一系列负面经历而失去这种信任。1948 年，在最早的一次关于社会信任的社会调查中，9% 的德国人相信他人。[17] 那一代人经历了多年的战争和贫困,之前的恶性通货膨胀使他们的储蓄化为乌有。

因此可以理解，他们对周围的世界失去了信任。整个 20 世纪，随着战争一代让位给经济复苏的新一代，德国的社会信任度逐渐提高到 45%。[18] 美国的一项研究发现，导致人们对他人信任度降低的主要原因之一是痛苦的记忆，比如离婚、疾病、意外遭遇或经济厄运。[19] 但在没有这些改变生活的经历的情况下，社会信任会随着时间的推移而保持稳定。

社会信任、经济增长与不平等

研究发现，社会信任与经济增长之间存在强相关。[20] 那些人们相互信任并因此交易能够更高效的国家，一般而言更有可能达到更高的发展水平。这在国家内部也是如此：在美国，社会信任度较高的州比人们彼此信任程度较低的州更繁荣。[21] 当然，我们也不应该从这些观察中就得出结论，认为人们不信任彼此的经济体永远不会实现经济增长。巴西人几乎不相信他人，但其经济在 20 世纪下半叶得到了强劲增长，在 21 世纪头十年也是如此。但是，由于社会信任的缺乏，经济增长会产生额外的成本，因此很难实现更高的经济增长。

人们普遍信任他人的社会的另一个共同特征是，他们往往更平等。北欧国家是世界上社会信任度最高的国家，其收入不平等的程度也是最低的。拉丁美洲国家的社会信任度最低，同样也在收入最不平等的国家之列。尽管大多数国家的社会信任度保持稳定，但美国和英国的社会信任度是有所下降的。在美国，社会信任度从 1972 年的 68% 下降到 2016 年的 32%，下降了 36%。英国也有类似的趋势。与此同时，两国在收入和财富方面的不平等也显著加剧。[22] 从而产生了这样一种观点，即日益加剧的不平等降低了社会信任。

一个更加不平等的社会会使人们对他人的信任减少吗？这一论断背后的逻辑是，我们与那些和自己有着相同经济背景的人更亲近。在一个高度不平等的社会中，如果社会底层的人认为社会不公平，他们觉得受到歧视甚至剥削，就不会相信社会上层的人。如果这是正确的，解决方案非常简单：通过提高税收和再分配来减少不平等，社会信任将会再次提升。

不平等会降低社会信任的观点或许有一定道理。但这一理论建立在这样一个假设之上：社会信任仅仅是我们生活经历的结果。它忽视了这样一个事实，即社会信任在很大程度上是我们成长过程中所继承的价值观的结果。正如我们所看到的，大多数国家的社会信任一直保持稳定。例如，在德国，自 20 世纪 80 年代以来，收入不平等加剧，但社会信任并未下降。更合理的说法是，不是不平等导致社会信任度下降，而是更高的社会信任会带来更低的不平等。当社会信任度高时，人们更愿意通过提高税收和政府支出来进行财富再分配。然而，这并不意味着一个社会信任度高的国家会自动进行更多的再分配。但至少它有这样做的选择（也许应该这样做）。

移民对社会信任的影响

我们还没有回答上一节的一个问题：为什么美国和英国的社会信任度都下降了30%以上，而其他国家的社会信任度基本保持稳定？对此有多种解释：比如参加志愿社团的人数减少，不平等程度提高，看电视的时间增加从而降低了人们之间的互动，消费主义的兴起，以及公民参与度的下降。但其他工业化国家也有类似现象，但并未出现社会信任度显著下降的迹象。

我们认为，美国和英国的社会信任度下降有两个原因，而这两个原因都与移民有关。首先，当来自缺乏彼此信任的国度的移民进入一个社会信任度较高的社会时，至少在最初，会不可避免地降低该社会内部的社会信任度。设想有这样一群人，如果我们向其中增加新成员，他们对他人的信任比现有成员低，那么扩大后的群体的整体社会信任水平会自动下降。这与群体成员之间的互动无关：因为在这个阶段，现有成员会继续像新成员到来之前那样相信他人。对他人的信任度降低仅仅是群体组成方式变化的结果。

自20世纪六七十年代以来，大量拉美裔和黑人移民从社会信任度历来很低的国家涌入美国。拉美裔现在占美国人口的 18%，而 1970 年这一比例仅为 4%。在美国，绝大多数拉美裔来自墨西哥，而墨西哥只有十分之一的人会普遍相信他人。黑人的比例从 1970 年的 11% 上升到现在的 13%，而且他们大多也来自低信任度的国家。在英国，社会信任度在不到十年的时间里下降了 30% 以上，从 1990 年的 64% 下降到 1999 年的 30%。20 世纪 90 年代是英国移民的十年，这十年每年都有超过 10 万的净移民进入英国，这与过去几十年相比是一个显著的变化。[23]

如果通过观察美国和英国人口的种族构成和衡量移民来源国的社会信任水平来评估这两国社会信任度的下降，我们发现，从 1970 年到 2016 年，社会信任度下降了 10%~15%。[24] 因此，社会信任度的下降可以部分地被解释为美国和英国人口的种族构成的演变，但不是全部。这就引出了导致这两个国家社会信任度下降的第二个原因：移民对当地人现有社会信任水平的影响。

让我们回到之前的例子，即社会信任度低的人加入一个现有成员对他人有更多信任的群体，然后会发生什么呢？我们已经看到，文化差距是会产生影响的：如果移民受过良好的教育，说当地语言，或有着相同的种族和宗教，他们与这个群体的互动将更容易，也便于他们更快地融入新社会。如果是这样，现有群体成员的社会信任水平不会受到影响。但是如果那些加入这个群体的人不会说当地的语言，如果他们只是自己人抱团生活，或者如果他们犯罪，他们就不会被信任。要相信一个人，需要这个人值得信任。如果不是这样，人们对他人的信任必将降低。群体中现有的成员会觉得新来的人不可信，也不会对他们放下芥蒂；新来的人则会觉得受到了歧视，而他们本来就很低的社会信任水平可能会进一步下降。

美国和英国由于移民的大量涌入，使得民众不再那么相信他人。尽管这个话题还在激烈辩论之中，但有证据表明，当移民的融合在很大程度上取决于文化差距时，净移民增加将导致社会信任度降低。[25] 在美国，邻里之间的种族混合越多，社区信任度越低。[26] 我们在这里并不是主张限制发达国家的移民，原因有很多，包括经济和人道主义原因，均可以说明为什么应该促进移民。随着时间的推移，移民有望对受人口老龄化和低技能劳动力短缺影响的经济体做出积极贡献。但归根结底还是要看他们能否融入新环境；如果做不到这一点，将导致信任的丧失，也可能导致经济增长放缓和不平等的加剧。

我们还应该指出，一个同质的社会并不能保证它的人民会相互信任：俄罗斯和意大利的西西里岛是非常同质化的，但其民众之间几乎没有信任。当然，如果一个社会的种族多元化程度越高，则其社会信任度也必然呈递减趋势。

瑞典的移民和信任

从 2008 年开始，瑞典的移民量大增，而且每年有超过 10 万人移民定居。2016 年，在欧洲移民危机期间，创纪录的 16.3 万人移民进入该国。在十多年里，总计超过 100 万的新移民成为该国仅 1000 万人口中的一部分。相对于其人口规模，瑞典比其他任何欧洲国家所接纳的移民都要多。这个国家相对较大，但移民通常定居在最大的城市及其周围：瑞典的第三大城市马尔摩，其所有居民中有三分之一是在国外出生的。斯德哥尔摩某些地区的人口中有高达 40% 的非瑞典人。生活在瑞典的人几乎有四分之一是在国外出生的，这一比例远远高于其他北欧国家。[27]

瑞典历来欢迎移民。在 20 世纪的六七十年代，移民主要来自意大利、希腊、其他北欧和波罗的海国家，以及伊斯兰革命期间的伊朗。20 世纪 90 年代，巴尔干半岛的移民激增。21 世纪初，伊拉克人逃离了战争。接连不断的移民浪潮在瑞典民众中引发了焦虑，一些人担心来自不同文化背景的人可能无法适应瑞典社会。早在 20 世纪 70 年代，一位杰出的外交官曾说：“他或她来自一个风俗习惯如此不同的国度，因此想稍微舒服地融入瑞典社会是困难的，甚至是不可能的”。[28] 然而最终，虽然并不是每个人都适应了瑞典社会，但大多数人都适应了。

移民为瑞典这个迅速老龄化的国家增加了劳动力，这对经济发展的影响总体是非常积极的。移民中的许多人在医疗、农业或餐饮等行业从事当地人不愿从事的工作。这些年来，瑞典的社会信任水平一直很高。

这次情况会有所不同吗？移民人数比过去要高得多：2016年抵达瑞典的移民有16.3万，这一数据是1992年巴尔干战争最激烈时期移民数的两倍。移民也来自更远的中东和非洲，这些地方与瑞典的文化差距更大。许多人没有工作资历，不会说英语，更不会说瑞典语了。在瑞典，只有不到5%的工作是低技能的，而德国的这一比例是9%，西班牙是16%。[29] 这就很难找到一份工作：只有一半的移民成功找到了一份工作。[30] 一些移民在申请工作时感觉受到歧视，他们抱怨在相同条件下，瑞典人会受到优待。研究表明，种族歧视确实在瑞典的劳动力市场产生了影响。[31] 但并不是每个人都在积极地找工作：依靠慷慨的政府福利比辛苦地做低收入工作要更容易。另一些人只会在特定条件下接受工作，比如，工作的地方必须要和他们住的地方在同一个街区。[32]

一些瑞典公民正在对这一制度失去信心。当他们的努力让越来越多的人享受到大量的福利，而这些人不纳税，也难以适应新环境，这些瑞典公民就会质疑自己是否受到了公平对待。在2008年马尔默开始的连续骚乱中，当他们看到主要由青年移民组成的帮派焚烧汽车、向警察和消防员投掷石块时，这些瑞典公民开始怀疑人与人之间是否真的值得信任。有证据表明，瑞典的社会信任水平正在受到侵蚀。一项比较1998~2013年间瑞典各地区移民水平高低的研究发现，在移民比例较高的地区，社会信任度有所下降；而在移民比例较低的地区，社会信任度仍保持稳定。[33] 由于最近的移民情况，那些在瑞典生活了几代的人变得不那么相信别人了。研究还发现，来自其他北欧国家的移民（芬兰人是瑞典最大的外国人群体）对社会信任度没有影响。这并不奇怪，因为北欧国家的人们有着相似的价值观。

可能由于2015年和2016年接纳了太多的移民，削弱了瑞典民众的社会信任度，从而使该国的福利制度产生了危机。鉴于人们对其移民政策日益不满，瑞典政府收紧了移民政策。获准进入该国的移民人数开始减少：2017年是自2012年以来移民人数首次降至15万人以下。给予移民的某些福利被取消了。这些变化对于避免民众的社会信任度进一步下降是必要的。恢复信任需要时间。移民需要时间来学习一门新的语言，并获得找到工作所需的技能。移民希望，随着时间的推移，他们将能够定居下来，适应瑞典社会，并对经济做出积极贡献，就像他们之前的几代移民一样。

政治信任

你信任你的政府吗?

如果你是北欧公民，甚至于如果你是斯堪的纳维亚人，你的回答很可能是“是”。而在其他地方，当太多的政客因最终陷入腐败调查、婚外情或其他难堪的局面而导致政府的声望很低并持续下降时，否定的回答就不足为奇了。社会信任度的国际差异同样也延伸到对政府的信任：一般来说，相信他人的人也会信任政府。但与社会信任相反的是，政治信任是不稳定的。在民主国家，人们更信任自己投票支持的领导人，而远不信任自己投票反对的领导人。经济发展状况是另一个重要因素：当经济不景气时，政府经常受到指责。由外部力量引起的重大事件会使一个国家团结起来，从而增加人们对政府的信任，这种情况有时非常显著，就像美国在“9·11”恐怖袭击后所发生的那样。

在许多西方社会，政治信任的长期下降往往被视为对国家政治制度的稳定和合法性的严重威胁。这些威胁尚未成为现实，因为尽管政治信任减弱，但政府仍在继续运行。在大多数民主政权中，选民可能不太信任政客，但他们仍深深依附于民主原则。在有些情况下，我们还应该区分各级政府：在中国，人们普遍认为，中央政府比省级、地级市或县级政府更值得信任。

政治信任的另一个含义是国家的再分配职能。如果政府要通过税收和国家支出来管理公民的财富，公民和政府之间必须要有信任的成分。否则，就会为各种形式的滥用职权打开大门。要让政府发挥重要的再分配作用，解决日益严重的不平等问题，社会和政治信任是先决条件。社会信任、政治信任、腐败与财政政策之间的关系将在后续章节中进一步讨论。

第四章

冒 险

埃里克怒气冲冲地走出了房间，显然对这次会议的程序不太满意。当时他正在参加银行的信贷委员会会议，为他的一个新客户——当地一家重型机械生产商——争取信贷额度。委员会拒绝了他进一步争取信贷的机会，因为信贷经理否决了，拒绝的理由是该公司规模相对较小，尽管财务状况较好，且有潜在的高额回报，但其行业前景仍不明朗。

埃里克花了数周的时间准备这次申请，并试图说服他的雇主进行信贷流程。这只是最近一长串被拒绝的新客户中的一个例子。他甚至难以为现有客户续借贷款，他开始思考，如果他的申请几乎全部被驳回，他该如何完成银行的保底任务。他尤其对信贷部门的同事感到愤怒，因为他们有权拒绝任何新申请。他们没有什么动力去批准一项损失可能性很小的交易，而且似乎会忽略预期回报，而只关注潜在的损失。似乎能够拿到批件的只是银行最大、信誉最好的客户，这些公司对从埃里克的银行获得进一步融资没有太大兴趣，从而回报率也很低，因为他们有许多其他选择来获得新的融资。

在过去的20年里，埃里克一直在保诚银行（PrudentBank）担任客户公关经理，这是一家专门向企业提供贷款的地区性银行。过去的十年给人的感觉与之前大不相同。当埃里克开始他的职业生涯时，唯一真正重要的事情是他创造的利润。但在现在这个新的世界里，他每天都要准备很少会有人费心去读的报告，并与信贷部和监察部争论。他理解这些部门的目的和相关事宜，但会觉得这些事情做得有点过了。他现在把更多的时间花在内部行政事务上，而不是管理和尽力扩大投资组合的客户。

这些年来，保诚银行的气氛令人沮丧。由于向信贷委员会提交的大多数申请要么被拒绝，要么预算被大幅削减，银行收入和利润都出现了下滑。但该行非但不努力提高收入，反而是把重点放在了成本上。员工被解雇，有时是被来自遥远的、低成本国家的员工所取代。工资、奖金和其他津贴都减少了。高额年终奖金和各种银行庆典活动的日子一去不复返了。现在，即便是带客户出去吃午餐或接受小礼物，也需要提交一份完整的内部报告。埃里克的大部分商务出行都要挤在经济舱；结果他发现自己出差的次数少了很多。

埃里克的一些同事受够了，他们离开了银行。还有一些人在急切地等待退休，或者在绝望之中寻求转行。埃里克也在盘算自己的选择，但他知道其他银行也采取了类似的做法；情况甚至可能更糟。由于员工士气下降，收入也在持续缩减。管理层采取了进一步削减成本的措施。埃里克不知道这一切会在哪里结束。

他知道这种发展趋势并不完全是银行的错，因为它必须遵守更严格的规定。整个银行业都受到了影响。埃里克所在银行的经理们也会表明疲软的经济前景可以证明银行采取的措施是正确的。然而，埃里克认为，银行业至少对这些疲软的经济前景负有部分责任：如果银行不再支持企业，这些企业应该如何增长？保诚银行的管理层对他们的保守做法感到自豪，然而过度保守的做法导致了利润的大幅下降。回报和风险是密切相关的。那些希望参与低风险、高回报交易的公司会发现这样的机会微乎其微。保诚银行是反映这种深刻变化的一个缩影，过去几年，许多银行坐拥大量现金，在利润降低的困境中苦苦挣扎，也因不愿意冒险和有时无力承担风险而未能完全履行作为金融中介的职责。

冒险精神

风险无处不在。人类可能并不总是意识到这一点，但人类每天都面临着无数的风险。如果早上醒来的时间晚于预定的时间，我们就有上班迟到的风险；我们开的车可能会发生事故；吃的食物可能会导致我们的健康出问题；等等。我们可以通过购买准时的闹钟、小心驾驶、购买保险或吃更健康的食物来降低这些风险发生的可能性。但还有其他风险，比如成为恐怖袭击的受害者，这些风险可能更难避免，有时甚至不可能避免。

有些风险容易评估。在彩票中赔钱或卷入车祸的可能性都是可测量风险的例子。但经济在未来两年内陷入深度衰退的风险，或未来一周出现暴雨的风险，则难以量化。新冠肺炎疫情就是这样一个现实无法预测风险的例子。因为我们经常试图使用思维捷径来简化周围的复杂现实，我们可能很难准确地评估风险，即使是可测量的风险；我们对所面临风险的认识并不总是反映现实。

大多数人都是不愿承担风险的：在一个确定的结果和一个不确定的结果之间做出选择，即使不确定的结果可以为我们提供略高的平均回报，我们仍会选择风险较低的选项。我们倾向于避免不确定性并采取相应的行动。其中一些决定可能微不足道，但另一些可能会改变人生：在前途光明但未经考验的领域学习，接受海外职位、创业，或组建家庭。这同样适用于企业界：为了进一步发展，企业经常会投资一些无法规避某种风险的项目。这些项目可能会非常有利可图，最糟糕的情况下，也可能会加速公司的垮台。

风险往往被描绘成消极的一面，人们通常把它与赌博或投机联系在一起。过度冒险肯定会导致潜在的灾难性后果。但如果我们试图消除所有风险，人类也将难以进步和发展。如果人们永远不换工作，永远不创业，永远不开车或坐飞机，永远不把一部分储蓄投入风险更高的资产，或者如果企业永远不涉足新项目，经济就会停滞。冒险是人类社会的固有组成部分。风险需要识别、理解和管理（在可能的范围内），但不应该完全被消除。

冒险精神的衡量

评估个人如何应对风险的一种方法是，将他们置于假设的情境中，要求他们做出基于风险的决策。如果让你在拿走5000美元奖励和投掷硬币——你要么挣1万美元要么什么都得不到——之间做出选择，你会怎么做？大多数人会选择最安全的选项，拿走5000美元。人类对损失的恐惧远远超过对收益的珍视。如果让我们在输掉5000美元和投掷硬币——我们要么输掉1万美元要么不赔不赚——之间做出选择，大多数人会选择抛硬币以有更好的机会避免损失。

针对冒险的实验有其局限性。人们在实验中的行为可能会与现实情况大相径庭。不论实验中奖励的钱是真实的还是假设的，都会对人的行为选择产生作用：如果实验中奖励的钱是真钱，人们会更认真地对待这个实验。如果我们为 2 美元或 2 万美元做实验，人们的行为也会发生变化。[1] 另一种评估风险偏好的方法是查看涉及风险承担的综合数据，比如驾驶时使用安全带的频率或购买的保险单。这里的假设是，这些数据是个人一般冒险行为的可靠指标。但是，一个一生都在承担一定风险的企业家很可能每次开车都系上安全带。美国是世界上人均保险市场最大的国家之一，但这并不意味着美国人是高度规避风险的人。

困难在于寻找合适的风险衡量指标，当涉及跨国比较时，问卷调查是首选工具。“世界价值观调查”询问了 50 多个国家的受访者对风险的态度。对风险容忍度最高的国家在非洲：尼日利亚只有 9% 的人不愿承担风险，南非人有 10%，加纳人有 15%。相应的数据在韩国为 26%，印度为 34%，美国为 39%，中国为 50%，德国和巴西均为 56%。哪个国家的冒险者最少？日本。日本有 66% 的受访者不愿承担风险。[2]

另一种评估风险偏好的调查是“全球偏好调查”（Global Preference Survey），该调查收集了来自 76 个国家的 8 万人的数据，代表了 90% 左右的全球人口。调查结果与“世界价值观调查”的结果非常相似：非洲国家的人更喜欢冒险，而日本又是最不喜欢承担风险的国家之一。美国、英国和瑞典也比德国、法国、巴西等国更愿意承担风险。[3]

一般而言贫穷国家的人会有更强的冒险倾向吗？这里的逻辑是，人们拥有的（就财富和收入而言）越多，就越会规避风险，因为我们有资产需要保护，而如果人们拥有得越少，我们就没有什么可损失的，这就给了人们更强的冒险动机。但数据显示情况并非如此，至少在国家层面上。也门和海地是贫困国家，但根据“世界价值观调查”，其 60% 的人口是不愿意冒险的。另一方面，新加坡和韩国是高度发达国家，但只有四分之一的人认为自己是不愿冒险的。当把最新的“世界价值观调查”的 56 个国家的风险偏好与每个国家的人均国内生产总值相比较时，会发现其中并不存在显著关联。[4]

恐怖电影

尽管人们在生活的某些方面会做出更冒险的决定，而在其他方面则会更保守，但总体而言，我们中的一些人会比其他人更不愿意冒险。这可能是由多种因素造成的：年龄、婚姻状况、财产、收入或我们工作的行业等。随着年龄的增长，如果人们结婚了，或者如果有一份稳定且收入可观的工作，人们通常会较少选择冒险。

风险偏好会随时间变化的一个主要原因与经济前景有关，或者更确切地说，与人们预期的经济前景有关。在一项实验中，参与者被要求观看一个恐怖电影片断，并在观看后不久进行风险偏好评估。他们将被问及是否愿意参与风险投资等问题。另一些参与者则在没有观看恐怖电影片段的情况下回答同样的问题。观看视频的人比没有观看视频的人更不倾向于做出冒险的决定（如果他们喜欢恐怖电影，那么观看视频对他们的风险预测没有影响）。[5] 如果我们受到某一事件的影响，尤其是受到创伤性事件的影响，我们往往会变得格外地不愿冒险。这种影响通常是暂时的；随着时间的推移，风险偏好会恢复到事件发生前的水平。但在某些情况下，一场全国性的冲击可能会对民众的风险偏好产生持久的影响，从而对经济产生巨大影响。

人们对风险的态度会随着经济周期而波动。当经济繁荣时，人们和企业更愿意冒险，而不太担心事情可能会出错。在 20 世纪 90 年代末和 2000 年中期的互联网泡沫期间，许多人都相信股票和房价只会上涨。但当经济衰退时，我们会变得更加保守。这是由于理性：如果我们面临失去工作的风险，或者预期未来收入会下降，我们就会减少支出。预测其产品或服务需求会减弱的企业将不太倾向于投资新项目。但更多的是情感原因。当经济危机来临时，企业可能会决定完全停止新项目，即使是那些有经济意义的项目。家庭储蓄占收入的比例可能会比理性预期的高很多。在 2008 年经济危机期间，美国和其他国家的避险情绪达到了历史高点：投资枯竭，银行不再向彼此或企业放贷，家庭将支出降至最低水平。办公室职员甚至可能减少去洗衣店的次数，这样每周可以省下几美元。

风险偏好不仅表现在经济周期和未来经济前景上。如果是这样的话，韩国人承担风险的意愿不会比德国人高出一倍，海地人的冒险意愿也不会比尼日利亚人低六成。风险规避也是一种伴随人们成长的价值观。它确实会根据经济条件而波动，但它通常是围绕每个国家的特定水平而波动，并反映整体人口对风险的总体态度。

类似于勤奋、节俭和信任，通过对移民风险偏好的考察，我们发现这些偏好与移民的原籍国的偏好相关，不受新入国的社会经济环境的影响。在美国，一项针对原籍为他国的首席执行官的研究发现，那些来自风险容忍度低的国家的首席执行官，对收购和资本支出的投入较少，即使他们的家族已经在美国生活了几十年。[6] 虽然第一代移民保留了其原籍国的风险偏好，但几项研究的证据在涉及第二代或第三代移民时就不那么明确了。[7] 当谈到代际转移时，风险规避可能没有本书讨论的其他价值观更具“黏性”。

宗教和种族似乎也在形成风险态度方面发挥了作用。有强有力的证据表明，一个人的宗教信仰越强，他就越不愿意冒险（至少在西方社会是这样，在亚洲可能就不是这样了）。无神论者比基督徒或穆斯林更愿意承担风险。[8]就种族而言，美国的黑人和西班牙裔往往比白人更不愿意承担风险，甚至与收入较低的白人相比较时也是如此，这可能是因为他们的家庭规模更大。[9]

为什么欧洲没有硅谷？

对风险的态度可以对创新产生持久的影响，而创新是经济增长的主要驱动力。许多研究表明，风险规避与创业精神之间存在负相关性。[10]原因很简单：愿意冒险的人更倾向于创业。在 1990 年以前，韩国、美国和日本等更愿意冒险的国家，从历史上看，它们的创新能力要比世界其他国家强得多。在美国的第二代移民中，其原籍国的风险偏好对于他们成为企业家的可能性有重大影响：在美国的印度移民比德国移民更有可能创办自己的企业。[11]在欧洲，人们一般不太愿意冒险和创业，这也降低了他们的创新能力。这个古老的大陆有许多著名的大学，研究活动得到了大量补贴，但研究成果却很少转化为创新的产品或服务。中国已经取得了相当大的进步，为其研究人员提供了资金和最先进的设备，但要成为一个创新型国家，中国还有很长的路要走。在技术变革变得越来越具有颠覆性的时代，创新可能会在国家的经济命运中发挥更大的作用。一个国家是否具有创新性，取决于许多因素，其中包括受教育的劳动力、一个支持性的政府、可动用的资金以及强大的法律制度。但是，即使所有这些因素都到位了，如果一个国家的人民不愿意承担风险，担心潜在损失超过重视潜在收益，那么这个国家将难以创新。过去 30 年，日本的情况就是如此。

日本的风险规避

困扰日本经济的主要问题可以归因于该国公民自 1990 年严重的金融危机以来的极端避险情绪，这使得日本经济从未真正从危机中恢复过来。风险规避已渗透到整个日本社会。由于担心不确定的未来，日本家庭不愿花费自己的可支配收入，而选择将存款存入银行账户或购买政府债券，但这些都没有带来任何有意义的回报。银行坐拥大量现金，却不知道如何处理这些现金。日本二流或三流银行受到的影响最大，因为它们通常只专注于国内市场。作为 GDP 一部分的投资，自 1990 年以来逐渐下降。[12] 截至 2019 年年中，日本企业持有近 5 万亿美元的现金和现金等物。[13] 对项目失败的恐惧意味着日本企业宁愿手持大量现金储备也不愿意冒险投资新的项目。在许多公司仍然盛行的终身雇佣制不利于培养冒险精神：员工受到严密监控，很少被赋予责任，也很少因个人成就而获得奖励。

作为一个世界上寿命最长和整体人口数量不断下降的国家，日本的养老基金需要产生足够的回馈，才能确保退休人员充足的退休金。然而，虽然日本有着世界上规模最大的公共养老基金——超过 1 万亿美元，但每年的回报率只有区区 1.5%，远低于一个良好的多元化投资组合的预期回报率。[14] 在这里，风险规避又是罪魁祸首。日本公共养老基金的经理们非常保守，他们将一半以上的可用资金投资于没有任何回报的国内债券。而一个平均年收益率为 5% 的多元化全球基金，在十年内至少可以多赚 3500 亿美元。

厌恶风险的日本公民，对境外发生的事越来越小心翼翼和不熟悉。当世界各地有越来越多的学生到海外留学获得宝贵的国际经验时，日本学生却待在国内：在 2004~2014 年间，日本出国留学的人数下降了 36%。[15] 常见的原因包括害怕生活在一个非常不同的地方、语言障碍以及认为这会危及他们在国内找到好工作的机会。但也正是这种海外经历会帮助他们提高英语水平，而且是日本企业应该更加看重的一项有利条件。尽管国内经济增长前景疲软，日本企业却越来越多地只为国内市场生产产品和服务。日本这种背对外界的倾向有时被称为“加拉帕戈斯综合征”（Galapagos Syndrome），得名于夏普2010年推出的只面向日本消费者的Galapagos平板电脑。只在日本取得成功而在海外却不尽如此的其他产品还包括：NTT DoCoMo公司1999年推出的i-mode技术，可以让用户在手机上浏览网站；2004年索尼公司参与合作推出了一款钱包手机，用户只需将手机刷卡即可完成支付；2006年推出的一项技术可以在移动电话或个人电脑上播放电视节目。这些都是能够吸引全球眼球的开创性产品，但是，对海外冒险的恐惧导致了其全球市场份额的重大损失。所以总会遵循这样一套熟悉的模式：日本会开发出正确的技术，但往往是其国际竞争对手成为该技术在世界产业中的领导者。

日本甚至连创新的能力都在逐年减弱。很少有日本人渴望成为企业家。大多数毕业生毕业后都进入了大型公司。一家咨询公司的一项研究发现，2015年日本企业获得的风险投资只有8亿美元，而印度为80亿美元，中国为490亿美元，美国为720亿美元。[16]世界银行在创业便利度方面将日本排在第89位，甚至在阿富汗和布基纳法索之后。[17]一项调查显示，只有四分之一的日本人认为创业是一个不错的职业选择，不到4%的日本人在未来三年有创业打算，这在有52个国家的样本中排最后一名。[18]日本显然不是（或不再是）一个创业者的国度。前日本首相安倍晋三（Shinzo Abe）在2015年访问硅谷时就曾哀叹日本缺乏冒险文化，他说："这是日本商人最需要的东西。"[19]

将缺乏创业精神的全部责任完全归咎于缺乏冒险精神是不公平的。与其他发达国家的企业家相比，日本企业家面临着更多的风险和挑战，获得的回报却更少。银行不愿意介入，即使它们介入了，它们也要坚持要求个人担保。有限责任在日本是一个模糊的概念：在破产的情况下，企业家通常仍要承担个人责任，有时还会延伸到他的直系亲属。有可用于研发所需的公共资金，但仅限于大公司。20 世纪 90 年代末，许多风险投资协议都有这样一个条款：如果公司未能在两年内完成首次公开募股，其发起人可以被迫以事先商定的价格从投资者手中回购所有股份。[20]

即使能够获得资金，新成立的公司也很难吸引员工和商业伙伴。很少有工人会考虑加入新的公司，供货商和客户也宁愿与开办时间长的公司建立长期关系。在《日本重返世界第一》（*Japan Restored*）一书中，经济学家克莱德·普雷斯托维茨（Clyde Prestowitz）描述了日本京瓷公司（Kyocera）的苦苦挣扎。该公司是成立于 1959 年的一家陶瓷电子产品制造商，它首先必须在美国市场成名，然后才能发展到足以与日本同行打交道的规模。[21] 即使是成功的企业，在其公司上市时，也不会给当地企业家带来什么好处，因为初创企业的上市只能吸引国内资本市场有限的兴趣。

不仅仅是个人回避创新。日本企业也曾是全球技术进步的灯塔，尽管它们能够获得大量研发资金，但在过去 30 年里，它们未能推出真正创新的产品。1945 年，索尼在日本东京从一家只有少量员工的小修理厂起步，后来成为 20 世纪最具创新力的公司之一。这样的壮举不太可能重演。因为企业会认为消费者不接受这些产品的风险太高，所以突破性产品的研究通常不会进行。取而代之的是，日本工厂生产的产品只是比现有产品略好。这个国家仍然严重依赖使用传真机和实物印章。一位前网络安全副主管承认，在他的整个职业生涯中从未使用过电脑。

过去 25 年里，旨在提高工资或物价并最终刺激经济增长的各种政策没有一项产生重大变化。原因在于，仅仅“推动”消费者和企业改变他们的行为是不够的。因为风险规避，所以是不够的，就像其他文化价值观一样，它已经深深植根于日本人的头脑中。人们很少会改变自己的价值观，除非有改变人生的境况发生，比如 1990 年的金融危机，它对许多日本人造成了创伤，严重改变了他们对于风险的态度。采取断然措施是日本经济取得重要成功的唯一途径：迫使日本人和企业做出改变。只有在企业被迫提高工资的情况下，工资才会有意义地上涨。一个激进但有效的解决办法是强迫公司每年以一定的比率提高工资，比如 2% 或 3%，上市公司和私营公司都可如此，只要这些公司保持盈利。每年政府将对此进行评估并决定适当的工资增长率。这会给雇主带来成本开支，但前景是随着工人的收入增加，他们的支出也会增加，并最终刺激国家经济的增长。目前还不清楚他们愿意花掉较高工资的多少比例，但他们应该倾向于至少花掉一部分。其他可以采取断然措施的领域包括：强制公共养老基金的分配更多地向风险投资（也包括非日本资产）倾斜；强制大多数大学生至少在国外待一个学期；明确移除创业带来的任何个人责任；迫使银行在所有贷款中保留发放给中小企业的最低比例，并更好地报告和管理它们的坏账；取消妨碍公平竞争的规定，如零售行业中便利店所享受的保护。

长期萧条

我们在前面的章节中指出，战争或严重经济衰退等创伤性记忆具有改变人们价值观的力量，至少是暂时的。风险规避也是如此，正如我们在日本的例子中看到的那样。一些观察人士担心，在 2009 年金融危机和现在的新型冠状病毒大暴发之后，其他发达国家也将面临同样的命运。过去 10 年的疲软增长让“长期萧条”（secular stagnation）这个概念得以复苏，“长期萧条”意指各国可能正在经历一个永久性的、至少是长期的低增长和低通胀时期。1938 年，经济学家阿尔文·汉森（Alvin Hansen）首次提出了“长期萧条”的观点，当时美国经历了近 10 年的经济增长放缓。

如果发达国家确实陷入了一种“长期萧条”的状态，为什么会这样？对此的解释并不少。一种观点来自人口统计学，认为随着人口老龄化和适龄劳动人口的减少，GDP 将不可避免地有着同样滑落的趋势。另一种解释是不平等的加剧。与收入较高的家庭相比，低收入和中产阶级家庭的支出占比会更高，因为住房或食品等基本支出占收入的比例会更高。面对萧条或持续下降的工资，这些家庭无法提高他们的支出水平，而这是大多数国家经济增长的主要驱动力。

认为经济长期增长缓慢的原因在于人口结构或不平等的观点的问题，这些都不是新现象。金融危机没有导致人口老龄化或不平等加剧。早在 2009 年危机爆发之前，发达经济体就已经面临这些挑战。事实上，阿尔文·汉森曾指出，低出生率和美国人口老龄化（以及创新缓慢）是 20 世纪 30 年代末经济增长乏力的原因。但随后事实证明他是错的，因为美国开始了一场军事支出狂潮，并在“二战”后享受了几十年的经济繁荣。

“长期萧条”还有一种解释是实际利率的下降，即长期利率低于当前通胀率。由于长期的票面利率已降至新低，接近于零或者甚至进入负值区域，许多发达国家的实际利率为负。人们认为，央行无法推动实际利率降低到足以刺激人们去消费和企业投资。支持这一观点的人认为，唯一的出路是让国家进行财政刺激，即政府扩大支出。

正如我们在有关节俭的章节中所指出的，长期利率之所以处于低位，并不主要是因为投资者的预期，而是因为全球储蓄率的失衡，即世界上一些地区的过剩储蓄率正流入储蓄低于投资的国家。尽管利率已经处于历史最低水平，消费者或企业也不太可能仅仅因为利率还不够低而决定永久减少消费或永久减少投资。各经济体从像 2007~2009 年那样严重的经济大衰退中复苏需要时间，面对如今的新型冠状病毒大暴发时期也是如此。随着经济危机的记忆逐渐淡去，而新一代没有亲身经历过危机的人进入劳动力市场，经济也将继续经历繁荣与萧条的周期波动。在 20 世纪 30 年代大萧条之后的十年里，经济增长和通货膨胀同样受到抑制。那个时代的投资者大多一生都远离股票。而那些在 20 世纪 70 年代经历过高通胀的人即使心里伤痕累累，在几十年后仍会预估价格会上涨。[22] 发达国家一旦出现经济放缓的迹象，“长期萧条”的幽灵就会复活，缓慢增长将预计成为一个永久性特征。然而美国在 2015~2018 年经历的强劲增长证明，其经济并未陷入长期低增长的状态。随着民众和企业重拾信心，有关长期经济停滞的谣言可能会最终消散，当然日本是个明显的例外。

风险中的金融中介

然而，有一个因素抑制了消费者的消费能力和企业的投资意愿：银行业极高的风险厌恶。自金融危机以来，银行在贷款操作方面变得更加厌恶风险。许多企业，特别是中小型企业，由于难以从银行获得必要的资金，无法扩大业务，甚至无法满足其营运的资金需求。这一点至关重要，因为中小企业是大多数经济体的命脉，对就业、提供就业机会、创新、投资和整体经济活动做出了巨大贡献。

美国企业因银行不愿提供贷款所受的影响较小，因为许多美国企业能够利用发达的资本市场满足其债务或股权融资需求。在中国，民营企业长期以来难以获得融资，但这完全是政策驱动的，与当地银行的风险偏好无关。在欧洲，中小企业几乎完全依赖银行为其运营融资，并以此贡献 85% 的新就业岗位、58% 的 GDP 和 67% 的就业岗位，但它们很难获得现金支持。[23] 在英国，当中小企业的数量在 2013~2017 年每年增长 4% 时，其贷款和透支批准的额度却在同期每年下降 7%。[24] 在欧元区，当德国和荷兰银行支持的中小企业运营良好时，南欧国家（意大利、西班牙和希腊）的中小企业则面临着更高的拒绝率和更昂贵的条款。据估计，欧盟中小企业的银行融资缺口高达 4000 亿欧元。[25] 自金融危机以来，欧洲中小企业的银行成本的增长与大企业相比不成比例，新型冠状病毒大暴发使得这一令人担忧的趋势加剧。[26] 在此期间，越来越多的银行向中小企业提供贷款，但这只是因为这些贷款是由政府担保的，通常是全额担保，因此基本上没有风险。

欧洲经济也受到其他因素的阻碍，包括从人口老龄化到僵化的、过度监管的劳动力市场。但通过这种规避风险的方式，银行并没有履行其主要职能，即通过在存款人和借款人之间输送现金，充当金融中介机构的角色。如今，大多数银行都有很高的偿付能力和现金流动性，但它们的贷款操作却非常严格，尤其是对信誉较差的合约方。

当然，把所有的责任都推到银行高度保守的做法上也是不公平的。就在十年前，银行还被指责不计后果地冒险（尽管更准确的表述应该是它们不了解自己所冒的风险）。几年后，银行又被指责没有承担足够的风险。银行必须遵守严格得多的监管规定，这迫使它们将更大比例的资本分配给风险更大的贷款，但银行追逐风险的动机寥寥，尽管这些风险贷款的潜在回报更高。要不惜一切代价避免损失，即使这些损失与高得多的预期收益相比相形见绌。风控部门已经成为关键的决策者，而且现在几乎没有动力批准新的贷款（当他们批准的贷款变成坏账时，他们可能会受到批评）。许多欧洲银行也在努力应对庞大的实体分行网络，有一些则在投资和适应新技术方面行动迟缓，其结果是收入和利润率下降。股本回报率（ROE）是衡量盈利能力的常见指标，在金融危机之后的几年里，欧元区银行的股本回报率一直徘徊在3%~5%的水平。近年来，就在新型冠状病毒大暴发之前，股本回报率已攀升至 5%~6%，但与美国银行的 10%~12% 相比，仍要低得多。[27] 欧元区银行盈利能力低下并非负利率的结果。显然，负利率对银行没有帮助，但如果它们显著影响回报，北欧银行（它们是首批在负利率环境下运营的银行之一）就不会产生 10% 左右的股本回报率了。[28] 欧元区银行通过削减成本来应对收入下降。在过去的几年中，几乎每家欧洲银行都实施了大规模的成本削减计划。2019 年，银行业宣布裁员 7.5 万人，其中大部分在欧洲。[29] 对于大多数商学院毕业生来说，银行曾是其就业的首选，但如今，银行的吸引力已大不如从前。

谈到融资企业，尤其是中小企业，解决方案可能来自其他融资来源。一种选择是资产证券化，即将中小企业的贷款集中在一个结构中以重新打包成可交易证券。一些银行会积极参与到这种结构中，这使它们能够向其他投资者出售部分中小企业风险敞口。另一种选择是点对点贷款（peer-to-peer lending），金融科技公司通过标准化的规则和文件为中小企业和潜在投资者提供一个共同的平台。其中一些平台已经获得了国家监管机构的批准，这提高了它们的合法性。保险公司和其他各方提供的信用担保也可以帮助企业获得融资。最后，基金和其他影子银行在融资业务中发挥着越来越大的作用，填补了银行留下的空白。这些实体相比银行监管更宽松，也愿意承担更高的风险以换取更高的回报。

不同的国家，不同的结果

为了摆脱“长期萧条”，经济学家们普遍主张增加公共支出，这可能会有所帮助，但并不能从根本上解决问题。日本连续几轮的财政刺激并未对其经济产生多大影响。我们应该认识到风险偏好对家庭消费意愿、企业投资意愿和银行放贷意愿的影响，并认识到在发达国家，我们会面临三种截然不同的情况。在阻碍日本经济再次大幅增长方面，风险规避已经并可能继续发挥巨大的作用。在美国，风险规避在形成长期经济趋势方面的作用要小得多，其经济将继续经历快速增长和缓慢增长的周期。就像 20 世纪 30 年代之后的情况一样，有关美国经济将长期停滞的说法最终会过时。欧洲也是如此，风险规避不太可能对家庭和企业产生永久性影响。然而，尤其是在欧洲大陆，银行已经变得非常厌恶风险，对不断变化的世界适应缓慢。在承担过多还是过少的风险之间取得适当的平衡并不容易，但即使如此，银行放贷在过去十年也变得过于保守。历来欧洲企业几乎完全依赖银行进行融资，几乎没有采取什么措施使其融资来源多样化。这种情况必须改变。

第二部分

政　策

第五章

政治稳定

2015 年 12 月，作为对中非共和国基督徒和穆斯林之间持续内战的回应，穆斯林叛军宣布成立罗隆共和国。中非共和国是一个内陆小国，顾名思义，位于非洲中部。两年前，一群穆斯林叛军占领了首都班吉，他们的领导人宣布自己为总统。他在位不到一年。双方都被指控犯下暴行，据信有 100 多万人逃离了这个人口不足 500 万的国家。

这只是该国自 1959 年获得独立以来的一长串政变和内战中的最新插曲。1965 年的第一次政变是由让·贝德尔·博卡萨（Jean-B é del Bokassa）发动的，他是一个传奇人物，用铁腕政策统治这个国家 14 年。作为 17 个妻子的丈夫和 50 个孩子的父亲，他一度皈依伊斯兰教，但三个月后改变主意，重新皈依天主教。他设计了一种相当有创意的方法来降低失业率，即迫使每一个适龄公民证明他们有工作，否则将面临罚款或监禁的风险。博卡萨与前殖民者法国保持着良好的关系，带着总统瓦莱里·吉斯卡尔·德斯坦（Valérie Giscard d'Estaing）打猎并赠送钻石，这最终在法国引发了丑闻，导致德斯坦在连任选举中失败。自称为中非皇帝的博卡萨对任何反对他的人都是无情的。据传，他曾杀死了一个政治对手，“用一把他以前用来搅拌咖啡的刀把他切开”，还据说，他特别喜欢吃人肉，在他宫殿的冷藏室里保存着被屠宰的尸体。据称，博卡萨和他的客人曾多次吃人肉，包括在外国政要来访期间。

博卡萨最终被推翻并接受审判，罪名是下令杀害多达 100 名儿童，并亲自参与了死刑执行，“用他的乌木手仗砸他们的头骨”，只因为其中一些儿童无礼地向他的劳斯莱斯投掷石块，对被迫购买和穿着博卡萨强加的校服感到不满。在他生命的最后，他宣布自己是第 13 位使徒，并声称要与教皇秘密会面。[1]

在博卡萨之后，这个国家仍然深陷暴力之中。1993 年，它的第一位自由选举的领导人昂热–菲利克斯·帕塔塞（Ange–Félix Patassé）来自北方部落，也是第一位来自北方部落的总统。当他任命大部分北方部落成员担任政府要职时，南方部落的成员被激怒了，进而削弱了他的合法性。帕塔塞从来没有得到由南方部落军官主导的军队的全力支持，并最终在 2003 年的另一场政变中被推翻。此后，政府军与包括占人口 10% 的穆斯林少数民族在内的多个反叛组织之间爆发了内战。虽然双方随后签署了停战和平协议，但暴力仍在继续，并在 2012 年再次爆发武装冲突。尽管自 2016 年以来民选领导人上台，但内斗一直持续至今，主要发生在基督教和穆斯林之间。

在其整个暴力历史中，中非共和国一直是世界上最贫穷的国家之一，政治不稳定阻碍了其任何形式的经济进步。

揭穿一个神话

几十年来，西方普遍认为民主是通向长期繁荣的道路。富裕国家几乎都是民主国家,而大多数贫穷国家中民主政体很少。独裁者以牺牲人民的利益为代价牟取暴利的例子比比皆是，在最严重的情况下，还会导致饥荒、武装冲突和大规模失业。合乎逻辑的结论是，民主制度、新闻自由和言论自由是推动经济增长的关键因素。这种世界观也很好地契合大多数西方世界所信奉的价值观。向较贫穷国家提供的贷款通常（在许多情况下现在仍然）以民主制度的出现为条件，这是 20 世纪 90 年代源于美国所谓的“华盛顿共识”的关键组成部分，该共识提出了一系列建议，在当时被视为可以引导每个国家走上可持续发展道路的神奇公式。

一些有反抗精神的国家有其他的想法。韩国的朴正熙

（Park Chung-hee）和智利的奥古斯托·皮诺切特（Augusto Pinochet）对民主原则不感兴趣，但他们的国家在专政（独裁）统治期间实现了强劲的经济增长。其他国家虽然实行民主，但对经济影响不大。印度在 1947 年独立后就成了世界上最大的民主国家，但在 20 世纪 90 年代初实施必要改革之前，其经济增长率一直很低。自 1992 年实现民主以来，加纳的经济在前十年的表现也没有好到哪里去。然而，民主狂热者并未因此而退缩。印度、加纳、韩国和智利仅仅被视为例外，这些贫穷或面积小的国家在更广泛的全球经济中只不过是个配角。

民主是可持续增长的先决条件的说法最早出现裂痕是在 20 世纪 90 年代，当时的研究发现，民主与经济增长几乎没有关系，或者甚至是负相关。[2] 但也并非所有人都对此赞同，因为有其他研究得出了相反的结论。[3] 假如民主与经济增长之间的关联存在，那么是民主通过建立一套相互制衡的体系来实现更高的经济增长，还是经济增长带来了民主，即随着人口受教育程度和城市化程度的提高，人们会渴望更高的政治自由？民主到底该如何衡量？一个国家可以官方地成为一个民主国家，但缺乏民主制度。这一切引发了一场激烈的、似乎永无休止的争论。

然后，中国出现了。中国与西方截然不同的政治制度从来没有阻碍过其惊人的发展。事实上，许多中国人坚信，没有西方式的选举程序，使中国的制度更加强大，而这种选举程序却助长了民主国家中不断的争吵、短视、过度支出和未能兑现的选举承诺。一些西方评论人士曾预言，有一些人将继续预言，如果不推行民主改革，中国必将崩溃。尽管有明确的证据表明这些预言早已被推翻，但预言者们仍然坚持他们的预测，这是一种常见的谬论。中国的成功让世界各国在经济增长的同时质疑向西方式的民主转型是否明智。

这一章的目的不是为了论证政府的一种或另一种形式。但当谈到经济增长时，我们的观点是政府的类型并不重要，真正重要的是政治稳定。

政治不稳定与经济增长

政治不稳定从来都不是一件好事，它会造成混乱、效率低下和浪费。政治不稳定的最坏表现形式是战争。在战争中，生命丧失，基础设施被摧毁，资金被转用于战争而不是更有生产力的用途。陷入战争的国家往往会因外国投资者将资金汇回国内、公民将财富转移到国外而面临大量资金外流的困境。知识分子和精英会逃离这个国家，有时甚至是永久性的逃离。由此所导致的后果可能是毁灭性的：老百姓流离失所，储蓄清零，所有行业陷入停顿。贫穷国家是政治不稳定的主要受害者，但富裕国家也不能幸免，尽管鉴于它们的情况，事情很少会升级为全面冲突。2010~2011 年，比利时有 18 个月政府缺位；澳大利亚在 2010~2018 年的 9 年时间里更换了 6 位总理；不能不提的日本在 2006~2012 年的 7 年时间里换了 7 位首相。这些情况肯定不利于更高的经济增长，但同时也没有对其造成损害；如果有什么区别的话，那就是证明政治对经济生活的影响有限。

政治稳定可以减少企业和家庭面临的不确定性，从而使资源得到更好的配置。然而，情况也并不总是如此：朝鲜政治稳定，但在其现代史的大部分时间里，其经济表现都是很糟糕的。厄立特里亚，这个位于非洲东端的小国，政治稳定。但经济增长非常有限。显然，在谈到经济增长时，还有其他因素在起作用，我们将在接下来的章节中进行探讨。但总的来说，政治稳定比政治不稳定更有利于经济增长。国际货币基金组织对 169 个国家从 1960~2004 年进行了调查，并将内阁变动作为政治不稳定的一个指标，由此得出的结论是，政治不稳定与经济低增长有关。其他研究也得出了类似的结论。[4] 正如这些研究中经常出现的情况一样，因果关系尚不明确：更高的稳定性应该带来更高的经济增长，但更高的经济增长也应该让公民更满意，让他们更少有推翻政府的动机。可能起作用的是一个良性循环：政治稳定带来经济的更高增长，而增长本身又带来更高的政治稳定性。

冲突陷阱

如果说一些国家存在良性循环，那么另一些国家则陷入了以无休止的冲突为特征的恶性循环。冲突主要发生在非常贫穷的国家，但也不总是这样：阿尔及利亚、埃及和泰国就是过去十年政府被推翻的中等收入国家的例子。

2002 年，经济学家保罗·科利尔（Paul Collier）和尼古拉斯·桑巴尼斯（Nicholas Sambanis）首次提出“冲突陷阱”（Conflict trap）一词，用来描述陷入冲突的国家。[5] 一个国家在近期发生过暴力事件，在未来就更有可能陷入另一场冲突，因为暴力文化已经产生。冲突结束后的杀人犯人数往往高于冲突前的一段时间。[6] 甚至足球运动员也受此影响。2011 年，加州大学的爱德华·米格尔（Edward Miguel）和他的同事调查了欧洲五大足球联赛所有球员的原籍国，以确定这些球员是否经历过内战。然后，他们将这些数据与这些球员收到的黄牌数量进行了比较，认为裁判出示的大部分黄牌与球场上的暴力行为有关（红牌也可以，但由于在比赛中出示红牌相对较少，因此黄牌提供了一个更好的样本）。研究者发现，来自受武装冲突影响国家的球员收到的黄牌数量格外高，从而得出这样的结论：即使在离开本国多年后，暴力仍在人们心中根深蒂固。自 1980 年以来，哥伦比亚和以色列每年都经历内战，这两国球员得到的黄牌也最多。[7]

即使在冲突结束后，军事支出通常也会居高不下，需从教育和医疗保健等部门分流资金。陷入冲突陷阱的国家努力摆脱困境，但仍然非常贫穷。科利尔主张在冲突结束后的最初几年里，利用外国军事干预来稳定一个国家，但这是发达国家一直回避的策略，因为向遥远的冲突国度投入资源，特别是投入人的生命这种资源，在本国从来不是令人满意的选择。

民主转型可以帮助贫穷国家摆脱冲突。在民主国家，不满的公民总是可以选择在下次选举中把他们之前选出来的领导人赶下台，而这在专制国家是无法实现的。但现实情况是，在非常贫穷的国家中，新建立的民主政体仍然脆弱，面临着被政变推翻或被不择手段的领导人滥用的风险。

种族多样性

虽然历史上的战争通常是由领土主权引起的，但大多数现代冲突的根源是种族或宗教因素。如今，国家之间的战争已经不常见了，冲突大多发生在国家内部，不论是采取内战、政变还是大规模示威活动的形式。

种族多样性是否会增加冲突的可能性仍然是一个学术争论的问题。[8] 但在种族多元化的国家，独裁政权似乎比民主政权更难以实现经济增长。这是因为专制的领导人，在大多数情况下来自多数民族，往往会牺牲少数民族的利益来维护该群体的利益。用保罗·科利尔的话说：“多样性往往会缩小独裁者的支持基础……社会支持的基础越窄，经济政策牺牲增长、将收入重新分配给独裁者群体的动机就越强。”[9]确实有很多例子表明，在种族多元化的专制国家中，多数族裔管理经济会偏向于自己族裔，而很少考虑其他族裔群体。这通常会导致经济低增长和政治不稳定：当被剥削的少数民族寻求改变的时候，他们或者会离开这个国家，要求独立，或者会反抗现有政权。萨达姆·侯赛因统治下伊拉克什叶派和少数民族库尔德族所遭受的迫害，缅甸罗兴亚人（Rohingyas）的困境，以及卢旺达少数民族图西族（Tutsi）遭受的种族灭绝，都是专制领导人以牺牲他族利益为代价偏袒自己族群的冲突例子。这一推理也解释了为什么中国的人口相对单一，在没有西方民主制度的情况仍繁荣发展；或者为什么人口更加多样化的印度，如果没有民主制度，可能会发展艰难，因为在国家层面上少数民族的利益体现会更少。

即使少数族群几乎没有机会掌权，他们的利益在民主制中往往会得到更好的体现。如果实行民主制度，种族多元化的社会不太容易发生冲突。我们不能从上述观察中得出必然结论认为，同时具有种族多样性和专制的社会是不可能繁荣的。如果独裁领导人不寻求以牺牲其他族群为代价来偏袒自己的族群，独裁政权本身不会成为经济增长的障碍。只要一个多民族国家的领导层不让少数民族处于不利地位，政府是民主制还是专制应该没有什么区别。即使是现代民主国家也倾向于歧视少数族群，只不过通常是以更微妙的方式。

政治稳定与社会信任

政治不稳定的另一个原因是缺乏社会信任。在公民相互信任的社会中，人们不太可能诉诸暴力来表达自己的不满。更多的决定将以协商一致的方式做出，真诚地为每个人找到最佳的解决方案。社会信任度较高的国家（北欧国家、欧洲北部、加拿大、澳大利亚和新西兰）在政治上最稳定。尽管当选的政党或领导人可以经常更换，就像在澳大利亚一样，主要政党之间的分歧相对较小。人们很少上街抗议，即使当他们这样做时，抗议活动也很少会演变成暴力。

有人可能会说，这些都是发达国家，人们不太可能挑战生活良好的现状。但即使经济状况急剧恶化，事态也不会像其他国家那样升级。在 20 世纪 90 年代初，瑞典的经济陷入严重衰退，失业率上升到 8% 以上。与此同时，加拿大也经历经济衰退，11% 的经济活动人口失业。然而，瑞典人和加拿大人，虽然他们对这一社会现实感到沮丧,但并没有参与大规模的街头抗议,试图推翻他们的政府。社会信任度高的国家的公民一般不太倾向于采取极端措施,因为他们会敏锐地意识到暴力行动最终会对他们的社会有害。

社会信任度低的国家,即使是发达国家,也更容易发生暴力行为。社会信任度相对较低的法国,就有针对政治领导人的暴力史,最近的一次是“黄背心”抗议。“阿拉伯剧变”运动发生在人们彼此缺乏信任的国家。拉丁美洲是世界上社会信任度最低的地区之一,也经历过军事政变和政府政策的突然改变。许多非洲国家也是如此。2017 年的一项研究比较了 50 多个国家从 1950~2008 年的社会信任和政治稳定的指标,得出的结论是,在社会信任度低的国家,糟糕的经济表现更有可能导致政权更替。[10]

领导人

有时,稳定一个国家所需要的只是一个特殊的领导人,不管他是不是民主选举出来的。邓小平、纳尔逊·曼德拉、圣雄甘地、塞雷茨·卡马和李光耀都是通过改造各自国家而赢得伟大合法性地位(以及在历史上应有地位)的领导人的典范。他们都不偏袒自己的族群或部落群体,而是确保其他群体的声音能被听到并采取相应行动。

一个国家政治不稳定的原因有很多：经济管理不善、不平等现象加剧、历史性争端、紧紧抓住权力不放的无能领导人、种族多样性以及社会信任度低。甚至地理因素也会起到作用：人口分布在一个宽广且难以到达的地区，这使得反叛组织更容易发展和躲藏。在所有这些因素中，经济低增长通常是导致政治不稳定的首要因素。然而，情况也并非总是如此：经济并不是曼德拉和甘地考虑的主要优先事项，他们对人民有着更高的期望，也面临着更紧迫的问题。但随着时间的推移，人们的基本需求——找工作和获得体面的生活以养活自己和家人——占据了中心位置，只有强大的经济才能满足这些需求，而强大经济的先决条件是自由市场。

第六章

自由市场

1982 年对智利来说不是一个好年份。这年夏天，国家足球队在西班牙举行的世界杯上输掉了三场比赛。但对于国内的智利人，甚至对那些痴迷足球的智利人来说，这都不是他们最担心的事情。他们国家的经济在这一年似乎遭到重创。国内生产总值大幅下降了 15%；四分之一的适龄工作者处于失业状态，而且几乎得不到政府的任何支持；银行已经资不抵债；外国投资者陆陆续续撤资；当地生产商无法与更便宜的进口产品竞争；一半的人口生活在贫困线以下，每天收入不到一美元。愤怒和贫困的市民开始走上街头抗议。[1]

在人们的记忆中，此次危机是智利所遭受的最严重打击，也是对其国内外许多人的一次冲击。针对这次危机，9 年前放弃社会主义制度的智利制定并实施了大胆的经济改革，美国和更广泛的国际社会对此都印象深刻。对于全球决策者、经济学家和投资者来说，智利实际上已经成为最近确立的不受监管的经济正统学说——自由市场——的一个鲜活的成功例子。

当奥古斯托·皮诺切特于1973年在一场血腥的军事政变中上台，取代了萨尔瓦多·阿连德（Salvador Allende）的社会主义政府时，智利遭受了恶性通货膨胀和大规模失业。因急需深远的经济改革，皮诺切特探访了曾在芝加哥大学学习经济学的智利学者，他们被称为“芝加哥弟子”（Chicago Boys），并被要求切实负责经济事务。尽管缺乏实践经验，但他们坚信自由市场有利于所有目标；市场“总是知道得最清楚”。在他们看来，应该让私人企业相互竞争，尽量减少国家干预。根据这一思路——他们在大学期间的所学，至今在学术界仍不同程度地流行——一个经济体在经历危机时必须在没有任何国家干预的情况下进行自我修复，不论这一修复涉及多少经济和人力成本。随着“芝加哥弟子”工作的推进，这种对自由市场和不要国家干预的意识形态信念几乎运用到智利经济的所有领域，包括与其他国家的贸易以及国家在重新分配财富中的作用。这些想法在创纪录的时间内得到了实施：大多数上市公司被私有化，银行部门被解除管控，贸易壁垒和资本管制被取消，税收和国家支出显著降低，新公司可以不受任何限制进入市场，苦苦挣扎的工厂被迫关闭。“芝加哥弟子”还固执地致力于抗击通货膨胀，这在当时困扰着大多数拉美经济体。这意味着将利率提高到非常高的水平，以打破通胀预期。

五年来，这些措施都很有效。从 1977 年到 1981 年，实际国内生产总值平均每年增长 8%。公共赤字变成了盈余。通货膨胀率降至个位数，为该区域最低之一。受到诱惑的国际投资者向智利的银行和工业放贷了创纪录的资金数额。但到 1981 年年底，事情开始崩盘。对低通胀的持续推动导致了大规模失业。低税收和同样低的社会福利意味着智利成为拉美地区最不平等的社会，而拉美地区早已以高度不平等而闻名。贸易壁垒的解除导致外国产品涌入当地市场，到 1980 年，外国产品占该国销售总额的 25%。当地生产商根本无法竞争，也无法生产不断壮大的中产阶级想要购买的产品：电视机、录像机或汽车。至于出口，除了铜，智利的生产商几乎没有应对国际市场的经验。随着出口萎缩而进口激增，巨额贸易赤字成为常态。

自 1979 年以来，一直与美元挂钩的当地货币比索从未调整过汇率。这样的政策不会得到“芝加哥弟子”的支持，也加速了危机的发生。因为这种政策使得进口商品过于廉价，而出口商品由于比索被高估而失去竞争力，同时还引入了太多的短期国外资本。美国投资者被高利率和当地货币与美元的固定汇率所吸引，他们可以将美元兑换成比索，赚取高额回报，然后再以相同的汇率兑换回美元。他们虽然仍面临着被贷款的公司有破产的风险，但至少汇率风险被中和了（只要智利保持汇率不变）。这个国家变成了一块吸引美元的磁石，不是为了长期的生产性项目，而只是为了快速盈利。20 世纪 80 年代初，随着美联储提高利率以应对高通胀，这种交易的吸引力开始下降。与此同时，国外投资者放贷的智利银行和企业却难以偿还贷款。到如今，投资者正在将资金撤出智利，这种情况是 15 年后的泰国和其他亚洲国家再熟悉不过的了。智利徒劳地努力维持其固定汇率。最终，随着其美元储备枯竭，汇率挂钩政策不得不被放弃。

当地企业在过度的债务中挣扎；流入的国际资金对智利经济来说实在是太大了。该国最终将背负巨额债务，仅累积的利息就占到 1982 年年底未偿还债务的 70%。许多银行和金融机构不得不被国有化，这对于几年前刚刚将大部分经济私有化的政府来说，是一个相当不同寻常的结果。[2]

1982 年危机之后，皮诺切特需要改变方向，并在 1984 年任命埃尔南·布奇（Hernan Buchi）为财政部部长。虽然布奇没有在芝加哥大学学习过，但他对自由市场的看法与“芝加哥弟子”相似，而且他更加务实。他会远离宏大的理论，逐步实施改革，看看什么可行，什么不可行。他的首要任务是重组外债。更为灵活的汇率制度得以实施，比索经常贬值，直到允许其自由浮动。新的银行监管制度提高了透明度和问责性。由于当地生产商在许多领域无法与全球竞争对手竞争，智利对进口商品征收了高达35%的关税，然后逐年降低，从而使智利从一个以农业为主的社会转变为一个工业化国家。政府也开始通过减税来促进出口。

1990年，皮诺切特的继任者帕特里西奥·艾尔文（Patricio Aylwin）致力于减少贫困和不平等，同时维护国内自由市场的原则。提高个人所得税，实施新的社会项目。医疗保健和教育得到显著改善。对短期外国投资征税，以防止投机性资金流入该国，避免像1982年那样出现可能破坏经济稳定的大幅波动。在艾尔文的任期内，经济强劲增长，社会不平等现象减少。随后的领导人又实施了几项改革，但没有偏离基本理念，即市场力量应该是经济增长的主要引擎。

结果令人印象深刻。自1982年以来，智利经济一直是该区域增长最快的国家之一。智利是当今拉丁美洲表现最好的经济体之一（其人均GDP仅次于乌拉圭）。通过国际比较，通货膨胀率和失业率都很低。其金融部门也是稳定和现代化的。虽然出口仍严重依赖铜，但该国已成为其他产品的大型出口国，其中鱼和葡萄酒可能更广为人知。尽管经济取得了惊人的增长，但不平等现象仍与其他拉丁美洲国家处于类似水平。智利成功的核心在于它认识到，尽管需要必要的监管，但自由的国内市场是最有效的。

国内自由贸易

俯瞰全球，几个世纪以来，一个国家国内市场的自由贸易已被证明是创造财富的最佳方式。当商品和服务的价格由供求关系决定时，当竞争是公平的，当新进入者的门槛很低，当破产企业被关闭，或当法治盛行，所有这些都创造了一个能更好配置资源和培育创新思维的环境。一个又一个的事实证明，在国内经济中采取自由市场策略的国家实现了经济的迅猛增长。美国成为世界上最强大的经济强国，在很大程度上是由于其高度竞争和高效的国内市场。作为一个整体，西方世界在“二战”后随着国家垄断的瓦解而获得了惊人的增长。一般来说，国家朝着自由国内贸易方向发展得越多，经济收益就越高。在亚洲各地，以前采用计划经济的国家，无论是中国、印度、越南还是缅甸，都已逐渐转向基于市场原则的经济体制，并使数百万人摆脱了贫困。东欧国家在苏联解体后获得了更强劲的经济增长。在非洲，像安哥拉、卢旺达和埃塞俄比亚等国在推行市场改革后，经济也取得了相对明显的发展。

那些仍然实施计划经济模式、依赖国家垄断和国内贸易限制的国家被甩在了后面。缺乏竞争加上固有的政府支持，使得上市公司容易自我满足，因为它们缺乏创新或提高生产力的动力。工人的工资与业绩无关；他们没有努力工作或积极主动的动力。苏联在 20 世纪 50 年代和 60 年代确实经历了快速增长，但这并没有持续下去：单纯基于资本积累的增长是不可持续的。苏联解体时，古巴的经济基本上也崩溃了，直到最近开始了温和的市场改革，情况才有所改善。中国和印度在开始自己的改革之前，一直遭受着低增长率的困扰。我们并不是在挑拣例子：虽然放松国内市场管制并没有系统地带来更高的经济增长，但实施计划经济的国家根本没有实现经济长期增长的例子。

创造性破坏

支撑国内自由贸易优势的是“创造性破坏”（creative destruction）的概念，这是由经济学家约瑟夫·熊彼特在 1942 年创造的一个术语。在一个没有竞争力的公司会被迫倒闭的社会里，“创造性破坏”的过程允许其他更有竞争力和更先进的公司取代这些被迫倒闭的公司。例如，录像带租赁行业被奈飞（Netflix）等公司所取代，传统图书馆面临着来自在线书店日益激烈的竞争，或者社交媒体扩大而导致的报纸行业衰落。这种持续性的破坏和创造过程使社会能够适应技术变革，同时确保幸存下来的企业仍然是最有竞争力的。

营造一个创造性破坏的环境需要一些特定的东西。需要明确和可执行的破产规则，以确保没有复苏希望的失败企业倒闭。

不遵守自由和公平竞争规则的公司或个人应该在透明和有效的法律体制下被追究责任和制裁。新公司的进入壁垒，无论明确与否，都应该最小化。在缺乏成熟的风险投资行业的情况下，新企业在发展的早期阶段可能需要资金支持。国家应该提供一个强大的教育框架，不仅针对儿童和年轻人，而且支持工人接受终身培训和技能培训，以提高他们从一个行业转到另一个有更好前景的行业的能力。国家还可以在其他领域发挥积极作用，比如建立技术园区，为某些关键行业提供税收优惠。

从字面上看，这一切听起来都很好，但“创造性破坏”往往会遇到阻力。改变意味着不确定性，这是我们大多数人希望避免的。破坏的部分很明显，而且常常是痛苦的：破产和裁员无疑意味着人们将失去工作。而新增就业岗位的数量通常不那么明显，也更不确定。在许多国家，政府会出手拯救陷入困境的公司，政客们会据此吹嘘自己的行动“挽救”了多少工作岗位。2013 年，法国工业部部长称，法国保住了 7 万个“可能被裁员”的工作岗位中的 6 万个。[3] 日本在 2009 年推出了一项新法律，迫使银行向资不抵债的公司提供贷款，当时的领导人声称他的行动拯救了“数十万中小企业”。[4]

但这些真的是正确的决定吗？如果有新的、更有竞争力的公司来取代那些陷入困境的公司，从而创造出新的就业机会呢？我们不知道与失去的工作岗位相比，是否会创造更多的工作岗位，但可以坚信，如果让缺乏竞争力的公司生存下去，整个行业的竞争力都会受到影响。接受政府支持的公司将没有动力提高效率，因为他们知道政府会支持他们，而没有从政府支持中受益的公司将感到受到不公平对待，不得不与享受优待的公司竞争。随着时间的推移，就会对经济形成拖累。意大利国家航空公司意大利航空（Alitalia）成立 70 年来几乎从未盈利，是一家应该被放弃的公司：它的历史充斥着政府救助和金融重组，耗费了意大利纳税人数十亿欧元。在日本，多达 30% 的公司获得补贴贷款。[5] 这导致了破产的“僵尸”公司的出现。日本服务业受到的影响尤为严重：自 1990 年以来几乎没有改善，而且由于受到严格监管的阻碍，其生产率仅为美国服务业的一半。[6] 一个明显的例子是,零售商店几乎无处不在,似乎在每个街角都有。但与其他国家不同的是,它们并没有被百货商店或超市所取代。在日本开一家大型商店是一个艰难的过程，需要大量的政府审批，前后耗时可能需要一年多的时间。这也解释了为什么今天日本仍有 5 万多家便利店分布在全国各地。[7]

与上述公平概念相关的自由市场的一个重要方面是公平竞争的环境。个人必须感觉到，他们在一个每个人都被给予同样成功机会的环境中运作。如果不是这样，如果企业面临不同的税率，如果不是每个人都纳税，如果土地被任意重新分类，或者如果腐败盛行，那么这个制度就会被认为是不公平的，对其执行的动力就会减弱。

自由市场并不意味着公共企业应该被排除在外；只要它们与私营企业处于平等的地位，并以与我们预期的私营企业类似的方式进行有效管理。新加坡有许多蓬勃发展的公共企业，它们的市值占新加坡总市值的三分之一，运营效率与私营公司相当。[8] 这种模式运行良好，主要是因为公共企业不能指望政府给予优惠待遇，因为政府不会干预它们的运营。它们和私营企业一样，要遵守同样的规章制度。[9] 这些公共企业中有许多已上市，也进一步将自己置于市场审查和规范之下。公共企业员工和政府官员的工资预期与私营部门类似。大型公共企业的主导地位使得该国能够在境外投资，规模比任何中小型公司都要大，但这也降低了当地私营企业与那些不依赖国家支持但却能从规模经济中获益的更大企业相对抗和成长的能力。因此，需要找到一种平衡：竞争性市场经济不能只由大型公共企业组成。

然而，国有企业常常是官僚主义、裁员、腐败行为、成本失控和终身雇佣的代名词。一份终身制工作听起来很好，但直到我们意识到它会降低人们努力工作的动力，并会阻止年轻员工进入就业市场时，情况就不如此了。公共部门臃肿的国家几乎无一例外地面临着青年失业率过高的问题。

限制国内自由贸易

尽管自由的国内市场是可持续增长的先决条件，但像智利在20世纪70年代中期所做的那样，拒绝基于意识形态信仰的一切形式的国家干预或监管是错误的。不受监管的自由市场需要一些约束。第一，不应允许大多数市场发展成垄断，或让一组竞争者同意人为地维持高或低价格，因为处于这种地位的公司有可能会滥用其权力，给自己规定更优惠的条件，并阻止其他竞争者进入。对于国防等具有国家战略重要性的部门可以（或许应该）例外。第二，有可能对公民造成伤害的市场行为需要加强审查。常见的例子包括虚假广告、医疗保健或基本食品的可购性，特别是当产品或服务针对最弱势群体时：儿童、老人，或教育程度较低的人。第三，某些行业，如公共交通、邮政服务、水、天然气或电力供应商，除了纯粹的商业动机外，也需要有为社会服务的责任和义务。这常常造成一种两难境地，因为这两个目标可能互相冲突，例如，一家公共汽车公司运营一条通往偏远地区的非营利性公交路线，同时这条路线不允许有其他交通方式。第四，明确各方权利和义务的法律制度。这包括刺激创新所需的知识产权法：如果任何人都能复制他人的发明，那么企业就没有动力将资源投入研究和开发了。第五，那些面临暂时流动资金紧张但长期前景强劲的公司可以得到救助，如果它们对更广泛的经济构成系统性威胁时更应救助，正如 2008 年的银行业危机所充分表明的那样。熊彼特本人也赞同这一观点，他说："在创造性破坏的过程中出现的情况是，许多公司可能不得不灭亡，但如果它们能够经受住一场特定的风暴，它们仍然能够生机勃勃地生存下去。"[10] 但资不抵债的公司应该放弃；拯救它们只会推迟不可避免的事情，并阻碍整个行业的竞争力。

需要指出的是，这一章与财政政策无关。许多自由市场热衷者在意识形态上深信，在任何情况下，包括在税收和政府分配方面，国家的作用都应该被最小化。在本书中，我们认为这是完全不同的事情。北欧国家已明确表明，高税收和自由国内市场并不是不可调和的。北欧国家有时被外人视为社会主义的中央计划经济，政府在当地企业的命运中发挥着重要作用。实际上，这些经济体是市场驱动的，监管宽松（银行除外），几乎没有贸易壁垒，国家在其中只发挥次要作用。

国际贸易

到目前为止，我们关注的是一个国家内部的自由贸易。然而，公司不仅是与国内公司进行贸易和竞争；它们也要与国际公司进行贸易和竞争。国际贸易，最近备受争议的一个话题，其实在20世纪的大部分时间里争议性要小得多。多年来，人们一致认为国际贸易与国内贸易一样，会给欢迎外国公司的国家带来繁荣，因为它可以消除贸易壁垒，并将政府的“干预”降到最低。许多国家确实从全球贸易中获得了巨大的利益，而那些仍对世界保持封闭或将它们的大部分进口产品替换成效率低下的本地产品的国家,则疲于应对增长乏力和技术过时的问题。

如果以史为鉴，盲目相信国际贸易是没有道理的。与普遍的看法相反，一些国家在其发展的早期阶段由于保护其产业不受外国竞争的影响而取得了显著的经济进步。几十年来，美国一直是商品和服务自由跨境流动的主要倡导者。但在其发展最初，美国通过征收高进口关税并积极促进出口限制外国人在该国开展商业活动的能力。1789年，当这个年轻的国家正与高水平的债务做斗争时，美国国务卿亚历山大·汉密尔顿制定了一系列改革措施，包括对英国制造商征收进口关税，并向美国工业提供补贴。当时，美国的制成品严重依赖英国进口。这一系列改革措施使得进口关税成为联邦收入的主要来源，并保护美国生产商对抗成本更低的欧洲竞争对手，为美国的快速工业化铺平了道路。这一关税政策保留了一个多世纪，美国也在此期间发展成了世界上最富有的国家。

在亚洲，像日本、韩国、中国台湾和中国大陆都实行土地改革以实现经济工业化，并采取了一系列措施防止外国竞争、支持出口以及转换外国技术。在明治维新时期，日本经济向世界开放，但却阻止外国公司在当地开展业务。当时，日本产品被认为价格低廉、质量低下，但由于该国依靠受过高等教育的劳动力，并聘用了数百名外国工程师学习西方技术，产品质量很快得到了提高。“二战”后，进口关税普遍保持在低水平，但日元兑换主要货币的汇率一直被低估，同时当地市场准入受到各种法规的限制，其中包括由于连锁持股，外国公司无法收购日本大型实体店。在韩国，朴正熙通过提供可负担的贷款、补贴和对其主要出口行业（造船、钢铁、电子和石化）免税，支持了该国的工业化。在中国，人民币估值偏低、资本管制、知识产权薄弱、大型国有企业可以获得廉价资金、一些外国实体有义务与当地合作伙伴建立合资企业等，这些都是刺激出口、使得外国公司难以进入中国的措施之一。[11] 所有这些国家的措施理念，都是保护年轻或“新生”产业，使其免受更强大的外部竞争的影响，让这些产业可以学习和发展；只有当它们变得更有效率和更具竞争力时，它们才会逐渐更多地参与国际竞争，并最终成长为全球玩家。

另一种方法是与其他处于早期发展阶段的国家进行自由贸易，但结果喜忧参半。新加坡认为其在独立后除了向世界开放外，别无选择。而且这是在前所未有的规模上实现的：这个岛国拥有世界上最高的 GDP 中的贸易占比，进出口额超过该国生产额的三倍。[12]李光耀很早就认识到开展国际贸易的必要性。尽管缺乏技术和管理技能，新加坡并没有试图保护它的新兴产业。李光耀相信，在一小部分受过高等教育的工人和政策制定者的支持下，勤劳的新加坡人民将迅速学习新技能，并能够在国际舞台上竞争，这意味着在最初会被剥削和利用："当时流行的理论是，跨国公司是廉价劳动力和廉价原材料的剥削者，会把一个国家吸干。我们没有原材料供他们开采，我们所拥有的只是劳动力。没有其他人想剥削劳动力。如果他们想剥削我们的劳动力，为什么不呢？欢迎他们加入。我们发现，无论他们是否剥削我们，我们都在向他们学习如何工作，这是我们之前永远不会学到的。我们在工作中学习，并因此得到报酬。"

新加坡在获得独立后开放边境发展得很好，但其他国家这样做却遭受了不利影响，包括失业、本地企业陷入困境、对外国供应商的依赖增加。塞内加尔就是这样一个例子。这个西非国家是人均番茄消费量最大的国家之一，番茄这种蔬菜在许多当地菜肴中都能找到。塞内加尔也是该区域少数几个拥有番茄酱制造业的国家之一。当它在 1995 年和 2000 年进一步降低进口番茄酱的关税时，导致从欧洲进口的番茄酱激增（欧洲对本国农业给予了大量补贴）。塞内加尔当地生产商大多是小型家庭企业，无法获得现代机械设备，因此无法与之竞争。番茄酱的进口量稳步攀升，已占到番茄酱总产量的一半。[13]进口关税的降低导致国内产量下降，加重了农民的负担。另一个西非国家加纳也同样依赖进口大米，进口大米占其全国消费量的三分之二。尽管政府试图增加本地生产的大米，但国内农民无法与来自泰国和越南等国更便宜、质量更好的大米竞争。[14] 在塞内加尔和加纳，当地消费者可能受益于较低的价格，但其国家的整个行业都受到了影响。

即使国际贸易对一个国家整体而言是有利的，但这些利益并不能在整个人口中平均分配。在富裕国家，人们在购买商品和服务时可能会受益于更便宜的价格，但如果他们的工资停滞不前，或者如果他们的工作被远在异国的工人抢走，因为这些人可以用更低的成本完成同样的任务，那么这对他们来说就没什么安慰了。如果整个行业前景黯淡，那么找一份新工作也需要时间；钢铁工人不可能奇迹般地将自己重塑为信息技术顾问。

与世界竞争

为什么一些经济体通常会从开放边境中获益，而另一些则不然？

我们看到两个主要因素在起作用。第一个因素与储蓄率有关。正如本书前面所讨论的，储蓄率较高的国家——通常（但不总是）得益于节俭的公民——会依赖外国市场来实现经济的进一步增长。如果当地企业希望扩大业务，就必须寻找海外消费者；因此，他们的大部分生产将面向出口。这适用于小型经济体，但同样适用于国内市场较大的国家。高储蓄国家，如中国、印度、韩国、日本、德国、瑞士和北欧国家，都依赖国际市场来销售它们的产品和服务，如果它们保持边境关闭，很可能不会达到目前的发展水平。储蓄率较低的国家也能从国际贸易中受益，但储蓄率较高的国家更有可能积累富余的储蓄和贸易顺差。更高的储蓄率也有助于进一步投资基础设施。产品的进口和出口意味着公路、铁路、海港、仓库和其他物流资产的有效运行。未能投资于现代基础设施的国家将难以使其出口产品具有竞争力。在这一点上，行政程序经常被忽视，但它可能严重破坏一个国家向世界推广其产品的努力：大多数运输时间的延误是由于行政程序，无论是海关清关、税务或货物检查。[15] 非洲国家之间的跨境运输可能需要几周的时间，这不仅造成了延误，还增加了成本。

决定一个国家是否能从全球自由贸易中获益的第二个关键因素是其与外国公司竞争的能力。新兴国家通常具有成本优势，但缺乏技能，因此专注于低附加值的产品和服务。发达国家往往更具有创新性，并专注于高价值的产品和服务，但在成本方面可能没有竞争力。如果新兴国家有能力向外国竞争对手学习并获得它们的技术，它们将从国际贸易中获益。发展中国家开放边境但却几乎没有从中学到什么的例子数不胜数。几十年来，许多非洲国家一直在开采石油或矿产等自然资源，但这些活动仍依赖外国的专业技术。如果外国企业取代本国企业，这些国家就不太可能实现工业化。

当地企业需要时间来获取知识，从而最终提高它们的竞争力。塞内加尔过快地允许外国公司进入其国内番茄酱产业，因此不得不反悔，重新提高了进口配额。正确的方法是循序渐进、讲究实效，即逐步改变和定期评估：如果事情进展顺利，继续沿着同样的道路；如果不是，就改变方向，换别的东西。这种方法的成功和实施速度在很大程度上取决于当地劳动力的受教育水平，这将是下一章的主题。因此，发展中国家保护自己的产业是有道理的，至少在发展初期是这样。但这不应该成为一个永久性特征。过度保护会导致自满，因为当地企业知道他们在一个受保护的环境中经营，从而会缺乏学习和提高效率的动力。

对于那些依赖高学历但成本更高的劳动力富裕国家来说，整体的自由贸易极大地造福了它们，因为自由贸易使当地产业向海外扩张成为可能，可以向更广泛的受众出售它们的产品和服务，而且在某些情况下，还可以将生产转移，从而产生规模经济，并最终提高其经济效益。更便宜的进口产品也使国内消费者受益。然而，随着成本较低的生产商变得更有竞争力，特别是东亚和南亚的生产商，西方某些企业不再具有竞争力，从而导致整个行业关闭，成千上万的工作岗位消失。英国的钢铁工业在20世纪60年代达到顶峰时雇用了35万名工人，许多城镇，尤其是钢铁厂主要分布的东北地区，严重依赖这一行业。但随着亚洲竞争对手开始以低得多的价格生产和出口钢铁时，英国的钢铁厂无法与之竞争，最后绝大多数都破产了。在英国，那些严重依赖炼钢的地区的失业率要比其他地区高出许多。[16]创造性破坏的过程意味着，一个行业的衰落往往预示着另一个更具竞争力的行业的崛起。但对于工人来说，从一个行业转到另一个行业可能是一项挑战，尤其是如果他们的技能无法适应其他行业的话。

这就是国内自由贸易与国际自由贸易的主要区别之一。在国内自由公平的竞争环境下，每家公司都必须遵守同样的规则。但是当涉及国际贸易时，每个国家的规则都是不同的。当国家诉诸被低估的货币并强迫以技术转让获得优势时，公平就变成了一个非常相对的概念。每个国家都能而且应该从国际贸易中获益，但规则必须是公平的、明确的，并受到参与各方的尊重。

第七章

教　育

2001 年 11 月，经济合作与发展组织（OECD）的国际学生评估项目，也就是通常所称的 PISA，在过去的 12~18 个月里，对 32 个国家的 25 万多名 15 岁学生进行测试，并发布了阅读、数学和科学素养方面的第一份国际研究报告和国家排名。尽管用于收集数据的方法以及对国家进行排名受到了批评，但总的来说，PISA 研究被认为公平地呈现了世界各地的教育水平。正如预期的那样，东亚国家排名靠前。但真正令人惊讶的是芬兰，阅读排名第一，数学排名第四，科学排名第三。不仅参与测试的芬兰学生的分数很高，而且全国的水平都是如此，不论其学生读的是哪所学校。这让芬兰人自己也很吃惊：他们知道自己有很好的学校，但可能也没那么好。一些人将此次结果看作一次性的统计异常。但随着 2004 年和 2007 年 PISA 排名的发布，芬兰学生仍然是排名靠前的。

此前比较国家教育制度的尝试从未得到媒体的过多关注。这种情况随着 PISA 研究而改变。尤其是芬兰令人印象深刻的分数，在西方国家引发了一波关注热潮。它们开始对这样一个所有学校都是公立的、教室很小、教师有很多自主权的国家感到好奇。但最令它们印象深刻的是，这些学生更注重玩耍而不是学习：家庭作业少，上学时间短，很少考试，然而，这些学生却不知怎么地在世界排名中名列前茅。芬兰教师把精力集中在表现不佳的学生身上，这一事实也与他们对学校应该努力实现的目标愿景产生了良好的共鸣。在芬兰教师看来，这似乎是一条通往学术卓越的捷径，当然也比东亚模式更有吸引力。在东亚模式中，压力大、学习负担过重的学生被迫死记硬背。

政府代表和记者纷纷前往芬兰了解他们的秘密。这种“PISA 之旅”的形式通常是在赫尔辛基悠闲地待上几天，参观一两所学校，与当地教师和官员交谈。游客们回来后会很兴奋，并确信他们发现了教育的圣杯，建议模仿芬兰的模式来完善他们自己的教育体制：小学从七岁开始，家庭作业要取消或最小化，重点关注表现最差的学生，没有考试。芬兰的教育变得理想化了，国际观察员相信它可以在世界任何地方适用。一些游客甚至更进一步，询问芬兰教育部长当地的学校是否出售。[1]

不再有圣杯

没有学习负担也能名列前茅？这听起来好得令人难以置信。这在过去确实如此。

但自 2009 年以来，芬兰在 PISA 排名中的位置一直在下降。在 2018 年的最新排名中，该国在数学方面不再跻身前 10 名。与其他西方国家相比，该国的排名仍然靠前，但现在落后于东亚国家。自 2018 年以后，新加坡、韩国、日本和中国一直占据着榜单前列。

事实证明，芬兰的教育制度从来都不是外国观察者所想象的那样。他们只是看到了自己想看到的制度，而没有意识到，芬兰在 21 世纪初取得的亮眼成绩实际上是 20 世纪 80 年代和 90 年代所实施的一种非常集中和负责的教育制度的结果，在这种制度中，教师必须严格遵守指定的课程。那些在 2000 年参与测试的 15 岁学生早在 20 世纪 90 年代初就开始上学了。尽管在 2000 年之前的几年里已经实施了改革，允许教师有更大的灵活性，但旧的制度仍然很有影响力。1996 年，就在第一次 PISA 测试的前四年，来自英国的一个研究小组被派往芬兰观察改革的成效。他们没有看到什么变化。看到他们的研究结论，你可能会认为他们刚从中国而不是芬兰回来：

“全班学生按照教师规定的节奏，一行一行地学习课本上的内容。成排成排的孩子都在以同样的方式做着同样的事情，无论是艺术、数学还是地理。我们从一所学校转到另一所学校，看到的是几乎相同的课程，你可以互换教师，孩子们也不会注意到差异……我们没有看到太多的证据表明，例如以学生为中心的学习或自主学习。”[2]

赫尔辛基大学的一位教授在评价2000年的PISA测试结果时指出，旧的教育制度仍然是标准：“在有着强烈未来导向的PISA 2000研究中所描绘的模范学生似乎在很大程度上依赖于过去的——至少是正在过去的——世界，依赖于农业和前工业化社会，依赖于服从和隶属的精神，而这一精神在现代后期欧洲社会中的芬兰可能最为强烈。”[3] 2005年，当芬兰在PISA排名中名列前茅时，200名芬兰教师在一份请愿书上签了名，对学生数学能力的急剧下降表示惋惜，因为这使得许多学生无法达到大学学习技术和科学学科所需的水平。[4]

排名开始下降是因为新的教育制度更注重娱乐而不是学习。难以忽视的事实是，要想取得高分，学生必须努力学习。没有捷径可走。对平等的关注虽然值得赞扬，但也产生了意想不到的后果。为了跟随最慢学生的步伐，整个教室的进度就会慢下来，从而阻碍了最聪明的学生最大限度地发挥他们的潜力。学得慢的芬兰学生在过去常常被转到特殊班级，这种情况在20世纪90年代中期发生了变化，越来越多的差生被保留在常规班级中。1995 年，几乎所有这类学生都在特殊班级接受教育，而到了 2003 年，仍留在常规班级中的这类学生比例达到了 40%。[5]

芬兰仍然有着强大的教育制度，也是世界上最好的教育制度之一。他们对课堂平等的关注可能有助于社会更加平等。与死记硬背抽象概念相比，受益于基于创造力和个人发展教学方法的学生更有可能为生活做好准备。但是芬兰的学习成绩排名靠前并不是家庭作业少、考试少、上学时间短、平等、公立学校和小班教学的结果，而是勤奋学习和优秀教师的成果，这也是成功教育制度的两个主要组成部分。

创新、发展和增长

“教育是你可以用来改变世界的最有力的武器”，纳尔逊·曼德拉于 2003 年启动一项旨在改善南非教育和健康水平的新项目时对听众这样说道。[6] 受教育程度低的劳动力严重阻碍了经济增长，因为它阻碍了工人和企业提高生产率和竞争力。正如经济学家阿马蒂亚·森（Amartya Sen）所言，缺乏教育“意味着没有能力充分发挥一个人的潜力”。[7]

某些地区的教育水平低得惊人。尽管在过去的几十年里已经取得了巨大的进步，撒哈拉以南的非洲地区仍有 40% 的成年人不能正确地阅读或写作，许多人在基本的计算技能方面也存在困难。该地区6~14岁的儿童10个中就有9个在阅读和数学方面没有达到基本水平。甚至把那些没有上学的孩子除外，也只有三分之二的小学生达到这一标准。[8]这些学生的未来正在被剥夺。如果没有适当的教育，他们的一生都将在困境中挣扎。他们对本国经济增长的贡献也有限；实际上，他们更可能需要经济资助，无论是来自家人、朋友还是政府。对于经历过武装冲突的孩子来说，教育可以提供一个更光明的未来。但是，如果没有教育，他们常常会陷入暴力的恶性循环。

在我们这个全球化和技术日益发达的世界里，教育在富国和穷国都变得越来越重要。在更发达的经济体中，不需要什么资历的工作正逐渐被外包或自动化。其中一些工作，如出租车司机、理发师或水管工，应该会被保留。但随着现代社会越来越注重高附加值的产品和服务，缺乏所需技能的工人正在被淘汰。对于新兴国家来说，发展新兴产业和学习进口技术是促进经济增长的两个关键因素，而这只有在受过教育的劳动力中才能实现。

良好的教育非常重要，因为它是带来创新的关键因素之一，没有创新就不可能有长期的经济增长。创新不仅仅是突破性的发现，它还涉及商品和服务的生产和交付方式的持续改进。拥有熟练工人的农场、工厂或办公室将更有可能改善流程和生产率。国家的工业化需要受过教育的劳动力。机器和设备可以进口，但需要有合格的工作人员来操作这些机器与设备。教育可能只是促进创新环境的一个因素，但如果没有受过教育的人口，创新的努力注定会失败。像一些国家那样仅仅依靠国外专业知识，这并不是长期成功的秘诀。

什么因素导致改善教育并不起作用

改善教育的方案并不短缺。

方案之一是增加教育预算。事实证明，政府在教育上的投入对教育质量的影响不大。新西兰教育支出占国内生产总值的比例是新加坡的两倍多，但新西兰在 PISA 中排名 15，新加坡排名第一。[9] 美国在每个学生身上的花费要比韩国和芬兰高很多，但 PISA 的排名却落后于这两个国家。[10] 因此，至少对于富裕国家来说，更多的资金对于改善教育而言并没有什么区别。而对于处于经济发展早期阶段的国家来说，投资教育确实会产生积极的效果，因为这些国家的学生迫切需要更多的学校、教师和其他教育工作者。根据一项研究，在为每个学生在校期间花费最初的 5 万美元之后，额外的资金投入几乎没有带来什么改善，无论是在公立学校还是私立学校。[11]

另一个被经常提及用于改善教育的方案是减少每个班级的学生数量。他们的想法是，小班授课，教师花在每个学生身上的时间会更多，可以帮助他们提高得更快。这通常与更多的开支相结合：花更多的钱聘请更多的教师，增加班级数量，从而减少每位教师的学生数量。但是，发达国家和新兴国家的事实再次表明，情况并非如此。中国是世界上每班学生人数最多的国家之一，小学每班平均有 37 名学生；在中学，这一数字升至 49，这是一个西方国家教师会觉得难以管理的数量。但这并没有阻止中国成为 PISA 排名靠前的国家之一（尽管各省和城乡之间存在差异）。韩国是另一个在 PISA 排名中得分很高的国家，其每个班级的学生数量排名第二，小学 23 人，中学 30 人。每个班级学生人数最少的国家是拉脱维亚，小学 16 人，中学 15 人，但在 2018 年的 PISA 排名中，拉脱维亚下降到 27 位。美国是另一个排名靠后的国家，其小学的平均班级人数（公立和私立学校加起来）为 21 人，中学 27 人。[12] 类似的结果在世界其他地方也可以找到。当肯尼亚雇用了额外的教师将每位教师的学生数量减半时，其测试成绩也没有明显的变化。[13]

正如我们在本章前面提到的，良好的教育实际上是事关两件事：勤奋学习和优秀的教师。

勤奋学习

如果游客在 10 月或 11 月的晚上走在首尔富裕的江南区

（Gangnam district）的街道上，会惊讶地看到学生在晚上 10 点整陆续离开建筑物。那些学生并不是看完了一部电影或打完了一局视频游戏，而是就读于被称为 Hagwon 的私人补习学校。补习学校在韩国是一项大产业：据称，仅在首尔就有 1.35 万家补习学校，它们收取高昂的服务费用。对大多数韩国父母来说，在每年 11 月举行高考以决定学生未来命运的竞争激烈的社会里，这是一笔值得花的钱。事情变得如此失控以至于政府不得不定了一个晚上 10 点的“学习宵禁”，并且当局会经常突袭检查补习学校，以确保遵守宵禁。然而这些限制措施收效甚微：补习学校延长了周末的学习时间，给学生布置了更多的作业，或者利用网络学习，所有这些都受到了父母的欢迎。[14]

与此同时，2016 年 11 月，数千名愤怒的父母走上西班牙各城市的街头，发泄对公立学校强加给孩子大量家庭作业的不满。西班牙学生平均每周有 6.5 个小时的家庭作业，每天略少于 1 小时。显然这对于许多认为家庭作业对孩子的发展有害的家长来说太多了。作为一种抗议，他们要求孩子周末不做任何家庭作业，并试图迫使政府取消家庭作业，到目前为止这一抗议要求还未成功。[15]

西班牙父母和韩国父母的立场相去甚远。作者蔡美儿在《虎妈战歌》（*Battle Hymn of the Tiger Mother*）一书中描述了她在美国生活时如何用“中国方式”教育她的两个女儿。这本书出版时引起了相当大的争议，许多美国人指责她虐待女儿。但当这本书随后在中国出版时，许多中国公民则批评蔡美儿教育孩子不够严格。强迫孩子们花长时间做家庭作业对他们的个人发展是好还是坏是有争议的。但说到学习成绩，勤奋学习是至关重要的。在《世界是平的》（*The World is Flat*）一书中，记者托马斯·弗里德曼（Thomas Friedman）引用了一位耶鲁大学生物医学工程博士生的观察记录，“科学和工程在很大程度上与职业道德有关——不仅要坚持学习所有的基础知识，还要坚持试验，即使试验的前 20 次都失败了。”弗里德曼还引用了加州理工学院前校长大卫·巴尔的摩（David Baltimore）的话，他会“照看来加州理工学院的孩子们，他们的家庭鼓励他们要勤奋学习，把对未来的满足推迟一点，并让他们明白，要想在世界上发挥重要作用，他们需要磨炼自己的技能”。[16]

在“勤劳”这一章中，我们发现了表现出强烈职业道德的社会：东亚和有新教传统的国家。来自这些区域的国家在 PISA 排名中占据着主导地位。在最新的 2018 年 PISA 排名中，数学、科学和阅读方面排名前 10 的国家基本上都来自这些区域，除了数学排名第 10 的波兰和阅读排名第 8 的爱尔兰。努力学习的学生取得更好的成绩并非偶然。这听起来非常直观：如果我们为考试准备得足够充分，就更有可能取得好成绩。东亚的学校教育经常受到西方人的批评，因为它注重记诵，缺乏对批判性思维的培养，但死记硬背确实能把重要的概念灌输给学生。日本人、中国人或韩国人不会因自己花了如此多的时间学习而感到自己的童年被剥夺了。那些辅导班和重复性的学习肯定不好玩，但大多数学生毕业后会感谢他们的父母和老师推动自己追求卓越的学业，并以此来改善他们的生活。不管我们喜欢与否，我们的世界是一个充满竞争的世界。有些人会通过家庭和关系领先一步，但总的来说，良好的教育会提高一个人的胜算。然而，我们应该注意到，亚洲学生的学习压力要高得多，这有时会对他们的健康产生负面影响。

就像斯堪的纳维亚的邻国一样，芬兰传统上被认为是一个勤奋的社会。类似于日本的 gaman 和瑞典的 gemenskap，芬兰人的勤奋与“sisu”这个词有着密切的联系，意指面对逆境时的毅力。但在过去的 20 年里，芬兰学生努力学习的动力更少了。由于越来越多地照顾表现最差的学生，学校教材变得更简单了。家庭作业已经减少到每周只有三个小时。取消分数使得学生无法了解自己的进步情况。随着时间的推移，由于投入的努力减少，他们的成绩不可避免地会下降。这在 PISA 较低的分数上有所体现。

2012 年，PISA 的研究人员考察了他们调查的一部分国家，以及这些国家的 PISA 分数与学生家庭作业数量之间的关系。研究者发现，在大多数国家，更多的家庭作业意味着更好的 PISA 成绩。给学生布置最多家庭作业的国家都在亚洲：新加坡、中国、韩国和日本（在这其中的有些国家，学生可能没有太多的家庭作业，但他们每周要花很多时间上辅导班，并从那些辅导机构或家教那里获得额外的家庭作业）。[17]

大量的家庭作业并不一定意味着良好的教育。美国和西班牙的学生比其他西方国家的学生有更多的家庭作业，但他们的PISA 排名较低。正如我们将在下面看到的，PISA 排名与教学质量的关系更为密切。虽然我们无法证明这一点，但我们敢在这里说，如果这些国家的家庭作业数量更少，他们的 PISA 排名就会更低。有证据表明，在完成一定数量的家庭作业后，更多的家庭作业会使其成效递减。即到达某一点后，学生的注意力会下降，学习也不会像之前效率高。情况可能就是那样，但我们不能据此就得出结论认为，更多的学习是无用功；做更多家庭作业的好处可能会少一些，但仍然是有用的。

我们在本书中一直认为，除非有创伤性的经历，否则人们的价值观是很难改变的。但是，由于孩子们还处于性格塑造阶段，所以他们的价值观更容易改变。在美国，努力工作是“知识就是力量”计划（Knowledge is Power Program，简称 KIPP）的核心。KIPP 是一个由公立特许学校（接受国家资助但独立运营的学校）组成的网络，成立于 1995 年，由马尔科姆·格拉德威尔（Malcolm Gladwell）的《异类》（*Outliers*）推广开来。KIPP学校通过抽签制度（这在美国许多州是强制性的）招收来自低收入家庭的学生。超过 2.5 万名被选中的学生每天学习时间更长（平均 9 小时），每周学习时间更长（包括选定的周六上午），每年学习时间更长（与其他学校相比增加了 2~3 周）。那些不能达到学习要求的学生会受到惩罚。

实施这一措施的效果显著。KIPP 的学生一直都比其他学校低收入家庭的学生，以及那些申请了 KIPP 但没有通过抽签系统的学生的成绩更好。[18] 一些观察人士认为，家境贫困的人注定受教育程度低，因为形势对他们不利。当然，一般来说，富裕家庭的孩子在学校的成绩会更好，因为他们受益于更稳定的家庭环境，而且通常父母会给予孩子学习期间更好的支持。但 KIPP 学校提供的现实依据表明，只要努力学习，来自低收入家庭的学生也能在学业上取得优异成绩，并可望拥有更美好的未来。

优秀的教师

虽然对勤奋学习的关注促成了 KIPP 计划的成功，但如果没有优秀的教师，这种成功是不可能实现的。通过择优录用并需要经过一年培训的 KIPP 教师不仅要学习他们将要教授的课程，还要学习如何管理和领导一个班级。在他们被允许自己授课之前，他们要花好几个月的时间跟随有经验的教师学习。他们还必须坚持高度标准化的课程。正是基于这样的培训，他们更能赢得学生的尊重。

教师能产生的影响是巨大的。我们大多数人都会记得自己的一些教师是如何激励我们的，并对自己的生活产生了积极而持久的影响。有时这种影响恰恰相反：不称职的教师会将学生引入歧途。教师对自己产生的影响往往比自己就读的学校要大，这一影响在自己很小的时候就开始了：在美国，如果幼儿园遇到的教师更有经验，这些学生最终参加工作后的收入也会更高。[19]从纯粹的经济角度来看，优秀教师是那些在学生进入就业市场时为自己提供必要帮助并找到一份稳定且收入可观的工作的人。虽然勤奋作为一种价值观在很大程度上取决于孩子成长的社会，但优秀教师完全是一个关涉适当政策的问题。有了正确的政策，每个国家都应该能够为学校配备优秀教师。我们认为有四个因素可以造就优秀的教师：收入、地位、培训和表现激励。

如果仅仅是为了吸引成绩最好的学生从事教师职业，教师的薪水必须很高。这并不是说有抱负的教师可能不把教书视为一种高尚的职业，不管这份工作的收入有多少，而是说对于大多数人而言，报酬是他们职业选择的一个决定性因素。即使是那些有抱负的教师，他们不会把未来的薪水作为主要考虑因素，但可能会在几年之后，当他们开始谋生和支付账单时，就会反思他们的想法。研究表明，当工资较低时，教师的流失率较高，因为低工资的教师会到其他行业寻找更好的机会。[20]更高的流失率也意味着更多的兼职教师，从而导致学生的学习环境不太稳定。在墨西哥，一项研究发现更高的工资会吸引更有能力（以智商为衡量标准）的教师申请者。[21]

地位也是选择教师职业道路的一个重要考虑因素。相较于其他职业，有些社会更尊重教师。在中国，教师历来享有崇高的地位。2013 年的一项研究要求来自不同国家的受访者在一份列出职业的清单中，选出与教师最相似的一种职业。中国是唯一一个把教师和医生联结最多的国家，医生是另一个备受尊敬的职业。该研究还显示，75% 的中国受访者认为学生尊敬教师，这一比例在 21 个受调查国家中是最高的。[22] 在经合组织国家，芬兰是小学教师最受尊敬的国家。[23] 北欧国家每年会收到大约 8000 份有志教师的求职申请，但仅有十分之一的申请会被接受。所有申请者须具有硕士学位。相比之下，希腊有一半的人口将教师与社会工作者联系在一起，而美国有 40% 的人认为教师大多像图书管理员。在这些国家，教师的社会地位不高。因此，最聪明的学生没有成为教师的动力：他们会去找社会地位更高的工作，在很多情况下，会去找收入更高的工作。

教师的工资和社会地位通常是联系在一起的，但也并非总是如此。在芬兰和中国，教师不需要高薪就能享有很高的社会地位。但是，在不太重视教师的社会中，提高教师社会地位的一种方法就是付给他们比其他行业工作者更高的薪水。这可以通过比较教师的平均收入和服务部门全职工作人员的平均收入来实现。在经合组织国家，教师的收入是服务业平均收入的85%。收入最低的是美国教师，他们的收入只有服务业平均收入的60%。[24]

更高的工资并不总是足以提高教师的地位。在葡萄牙和希腊，与服务行业的工作者相比，教师的收入最高，但他们不是最受尊敬的。更高的薪水确实会吸引更多更好的求职者，从而会有一个更多选择性的招聘过程。但这并不意味着最好的应聘者会被聘用。对应聘者的选择应该完全基于其学业表现。但在那些腐败盛行、教师享受终身工作制的国家,招聘过程远不透明:那些被聘用的人往往是人脉最广或财力最雄厚的人。这会导致聘用不合格的教师，而这些教师也将难以胜任教学。

另一个关键步骤是培训。人们常常认为，新教师只需接受几个星期的培训熟悉课程，就可以开始教学了。但是拥有知识和能够在获得课堂尊重的同时传播知识完全是两码事。要成为一名好教师需要几个月，有时是几年的时间。成功的教育系统已经建立了专门的培训中心，可以让有抱负的教师花几个月的时间了解他们的工作要求。芬兰有附属于大学的“教师培训学校”，在那里，实习教师在一名指导教师的监督下磨炼教学技能。新加坡是PISA项目中排名靠前的国家之一，它从优秀毕业生中招募教师，并在一个专门的培训中心对其培训几个月。正式上岗后，每位教师每年都要接受100小时的培训学习新的教学技术和专业发展。除了为教师提供胜任课堂的必要帮助外，新加坡的教师学校还对学校间的教学质量实行标准化管理。

教师接受了充分的培训，就需要激励他们展现培训结果。在许多国家，教师是一份终身职业，他们的工作从不被评估。这就没有什么动力去努力工作或只是去上课而已。在印度，教师旷课现象在公立学校很普遍，公立学校也几乎不能解雇教师，这其中有很多教师在私立学校做着第二份工作。在一个案例中，一位教师在24年的教学生涯中缺席了23年。[25] 在秘鲁、厄瓜多尔、乌干达、印度、孟加拉国和印度尼西亚等国，平均有超过五分之一的小学教师在未事先通知的视察中缺勤。[26]

改变这些行为意味着给予教师更好的激励，使他们更好地做好自己的工作。这包括定期评估、支付绩效工资以及可能对表现不佳的教师进行惩罚并最终解雇。当印度的农村学校安装了闭路电视（CCTV），并根据出勤率给教师发工资，缺勤率下降了不止20%。[27]

保护教师工作的结构一旦就位，就很难改变，即使它们最终对学生有害。2007年，米歇尔·李（Michelle Rhee）被任命为华盛顿特区公立学校的校长，她提出了一个双层制度，教师可以选择留在现行模式，即工作有保障但工资增长幅度小；或者选择一个新的模式，即每年接受教师评估，表现最好时有可能增加 60% 的收入，但如果表现不佳则有失去工作的风险。这其实是一种从坏教师（留在旧模式）中挑选出好教师（加入新模式）的方法。但是，李的提议没有被强大的教师工会所采纳。

在需要监测教师表现的情况下，有一个例外：社会信任度高的国家。在这些国家，教师通常会尽自己所能去工作，因为他们认为这是对学生、家长、教师同行以及更广泛社会的责任。人们也相信他们专业的工作方式。在北欧国家，不需要定期评估并以此规定绩效工资；实际上，这样做会成为一种行政负担，也会让教师觉得他们的信任没有意义。但在社会信任度较低的国家，教师的表现必须定期评估，这样才能激励他们尽其所能。

送孩子上学

想要优秀的教师提供良好的教育，首先学生要出现在课堂上。在现代发达经济体中，这不是什么大问题，几乎每个人的童年时期大多数时间都在上学。但在新兴国家，特别是最贫穷的国家，让孩子上学可能是一个更大的问题。上学可能是强制性的，但这并不意味着每个孩子实际都上了。在过去的几十年里，我们已经取得了相当大的进步：自 1990 年以来，小学适龄学生的失学人数下降了 40%，而且这一下降主要在亚洲。但全世界仍有 6000 万儿童没有上小学，其中大多数在撒哈拉以南的非洲。[28]

在较贫穷的国家实现高入学率的最好方法是实行免费教育。但是取消学费仅仅是解决了问题的冰山一角。如果父母仍然被要求支付校车费、校服费、学习材料费和午餐费，他们可能不会有足够的动力让孩子去上学。对低收入的父母来说，孩子上学意味着一笔开支，但也是一个走向更好（虽然尚不清楚也很遥远）的未来的机会。而孩子留在家里去地里、矿场或工厂工作，则可以为家庭带来直接的收入。当把一个小额但有时急需的当前收入与一个不确定但可能更大的未来收入相比较时是一种权衡。减少与教育相关的费用增加了父母让孩子上学的可能性。另一种选择是，惩罚那些不送孩子上学，尤其是那些虐待儿童的父母，但这在实践中收效甚微：即使父母受到了惩罚，学校出勤率也未提高。

在撒哈拉以南非洲的 53 个国家中，有 42 个国家已经实行了初等教育免费，大多数国家的识字率有了显著提高。布隆迪在 2005 年免除了学费；尽管是人均 GDP 最低的国家之一，但其识字率从 2004 年的 54% 上升至 2010 年的 94%。[29] 当肯尼亚的学生被赠予校服而不是购买校服，学校出勤率也得到了显著提升。[30] 入学注册往往具有雪球效应：看到朋友上学的儿童也会更渴望加入他们。相信上学有好处的父母可能会说服其他人也让自己的孩子入学。在识字率和入学率出现首次上升的国家，这种趋势通常会持续下去，甚至会在未来几年呈现加速增长趋势。

在贫穷国家，让孩子上学的另一个经常被低估的障碍是上学的机会。海勒·格布雷西拉西耶（Haile Gebrselassie）是有史以来最著名的长跑运动员之一，在他辉煌的职业生涯中赢得了两枚奥运金牌和四次世界冠军。他跑的姿势很独特，左臂微微弯曲。这是因为他每天早晚都要把书夹在胳膊下，从他埃塞俄比亚农村的家跑五英里到学校。不是每个孩子都愿意或能够做出这样的牺牲。虽然不能覆盖到每一个偏远地区，但各国都需要建造足够数量的学校，并提供免费交通，以便大多数儿童能够有机会上学。一旦在农村地区建立了一所新学校，挑战就在于说服教师驻扎在那里。吸引他们的最佳方式是高薪，尽管这可能不足以吸引他们到更偏远的地方。

还可以通过给让子女上学的贫困父母提供现金来提高入学率。“有条件现金援助”（本书后面将更详细地讨论）开始于墨西哥的 PROGRESA 计划，效果显著，并已传播到世界各地。即使那些仍不相信学校教育能带来好处的家庭，如果他们能在“有条件现金援助”的过程中挣到一些钱，也会被鼓励送孩子上学。

当然，这一切都需要政府大力支持。但只要钱花得值，这就是值得的。持续监测应成为常态，以确保教育资金不会被挪用到其他远不如教育重要的用途上。

终身学习

当谈到教育时，我们通常指的是学术界。这也可以理解：我们学到的大部分东西往往是在上学期间或职业生涯早期。但是一旦我们开始从事一份工作，通常就不再学那么多东西了，因为我们相信早年获得的知识将足以让自己胜任这一工作。这种心态的问题在于，我们在童年和职业生涯早期所获得的技能可能不再重要。更激烈的国际竞争和加速的技术变革增加了我们现有技能需要某种形式升级的可能性。延长的预期寿命意味着工作年限的延长，同时也增加了知识最终会过时的可能性。这不仅是一个影响富裕国家的问题：中国或印度的低学历工人正日益面临机械自动化或工厂被转移到越南、孟加拉国等国的风险。

人们不喜欢改变。面对不确定的前景，大多数人不是去适应它，而是希望这种不确定的前景会以某种方式消散。然而，世界正在以更快的速度变化。为了最大限度地提高公民的就业能力，政府有责任确定哪些行业或职业正在衰落、哪些行业或职业正在兴起（或预计有良好前景），以及如何将工人从一个行业转移到另一个行业。应使培训项目尽可能具有吸引力：对参与培训的人给予大量补贴，提供范围广泛的课程，要求公司积极参与这些课程，并定期评估这些课程的相关性。不幸的是，最愿意学习的工人是那些已经具备高素质的人。与私营企业合作的新加坡政府设立了一个创新并有大量补贴（特别是针对40岁以上的员工）的项目，提供了一万多门培训课程供员工选择，并帮助确认那些在未来几年可能需求量很大的技能。另一个例子是巴西国有能源公司Petrobras与Prominp（政府机构、私营企业与工会的联盟）的合作，目的是在五年计划中发现技能短缺的工人并对其进行相应的培训。自2006年以来，Prominp已经培训了10万多名这样的工人。[31]更多的国家应实施类似的培训项目。

项目培训还应专门照顾衰退行业的工人。在美国阿巴拉契亚中部地区，2013年启动的“每天雇佣矿工”（Hiring Our Miners Everyday，简称HOME）项目旨在帮助受行业低迷影响的煤矿工人。通过确定可能需要类似技能的行业，并提供必要的再培训和资金，该项目已经帮助近一半的下岗工人找到了新工作，其中大多数是电气线路工。该项目还有助于消除一些误解，例如认为煤矿工人技能很低，但实际上他们中的许多人操作着世界上最大、最复杂的机器。[32]现在，世界各国政府比以往任何时候都更需要发挥重要作用，以确保本国公民具备必要的技能，在日益复杂和变化的工作环境中找到正确的方向。

第八章

腐　败

1985年10月14日，已任刚果共和国（DRC）总统20年的蒙博托·塞塞·塞科（Mobutu Sese Seko）在家乡巴多利特庆祝55岁生日。为了纪念这一时刻，他要求世界顶级蛋糕师加斯顿·勒诺（Gaston Lenôtre）从巴黎乘坐协和式超音速喷气式客机来为他准备生日蛋糕。主场宴会在蒙博托的一个宫殿里举行，客人们可以品尝到来自世界各地最好的菜肴，这里据说还有一个世界上最好的酒窖之一。并非所有的食物都是进口的：小镇周围是棕榈油、咖啡和椰子种植园，还有橘子和葡萄柚林，以及牛肉和奶牛牧场。

20年前，位于该国北部与中非共和国接壤的戈巴多莱是一个由泥砖小屋组成的小村庄。它实际上坐落于丛林之中，与大城市（首都金沙萨位于600多英里之外）的联系有限。但它也是蒙博托的出生地。在20世纪70年代末，蒙博托就已投入了大量的公共资金将戈巴多莱改造成“丛林中的凡尔赛宫”。他们建造了三座宫殿，配有绘画、雕塑和大理石地板；中非唯一一个能容纳500人的核掩体；一条足够长的跑道，以安排用于购物旅行和对欧洲正式访问的协和式超音速喷气式客机起飞和降落；一条双车道的高速公路；一个在河流边上用来发电的水坝。可口可乐公司在这里建立一个灌装厂，雇用了7000名工人。购物中心、大型超市和五星级酒店也很快开业。人口迅速增长到5万多人。

蒙博托涉嫌在其32年任职期内挪用公款50亿美元，其中大部分转入外国银行账户，而且大部分从未追回。他的海外资产清单很长，包括西班牙的一座16世纪城堡、瑞士一座有32个房间的宫殿，以及位于法国蔚蓝海岸、比利时、意大利、科特迪瓦和葡萄牙的住宅。1974年，穆罕默德·阿里和乔治·福尔曼参加了在金沙萨举行的“丛林之战”拳击赛，分别获得500万美元的公共基金。

在蒙博托执政期间，刚果民主共和国仍然是地球上最贫穷的国家之一。食品和汽油经常短缺。失控的通货膨胀使人们的储蓄变得一文不值，而蒙博托和他的同伙们则持有大量外币财富。过度的货币发行导致了恶性通货膨胀，而这在很大程度上是蒙博托把中央银行当作自己的个人银行所造成的。这个国家只有通过世界银行和国际货币基金组织的贷款才能在经济上生存下来，但贷来的钱款大部分最终也落入了蒙博托的口袋。那些机构可能意识到这些钱被挪用了，但它们仍继续提供更多的贷款，以支持一个在冷战期间被视为打击共产主义的盟友。[1]

腐败的多种形式

蒙博托的案件或许是领导人腐败的典型案例。但这并不罕见：世界各地的报纸都定期报道大规模的腐败故事。这可能只是冰山一角，在各级权力机构中，许多案件未被报告。

腐败通常被定义为任何不诚实或非法的行为，尤其是那些当权者的此类行为。它总是与贿赂（向某人提供有价值的东西以获得帮助的行为）或侵占（挪用受人信任的公共或私人财产）有关。但它也可以采取勾结合谋的形式，即以一种秘密商定利用市场，比如价格垄断，以及偏袒朋友和家人的裙带关系。虽然腐败在公私领域均可发生，但在公共领域更为普遍。这是因为一个国家的公民作为公共物品的合法所有者，由于数量过多且分散，从而无法妥善维护其在这些资产中的权益。而代表公民的机构和政府官员也可能不会认真对待他们的受托责任，反而企图以牺牲更广泛的公共利益为代价谋取个人利益。

这并不是说，私营企业和其管理者的利益总是完美一致的，正如各种企业丑闻所显示的那样。但它们确实更易于协调一致，因为私营企业通常比公共企业拥有更有效的约束机制。我们不能因此而得出所有公共资产都应该私有化的结论，但至少应该认识到，当涉及公共资产时，腐败的可能性更高。

腐败产生的问题

不可否认，腐败对经济增长和整个社会发展都是不利的。在一个腐败的社会中，资源分配将毫无效率，从而增加成本；那些最终获得权力的人，是那些通过贿赂晋升的人，或是那些从最好的人脉关系中受益的人，而不是那些最有资质的人。在一个腐败的社会里，商业决策不是根据公司或股东的最大利益做出的，而是根据那些负责决策的人的私利做出的。在贫穷国家，那些接受贿赂的人很少将他们的不义之财再投资于国内的生产性资产，资金要么被挥霍了，要么被转移到国外。腐败的政治领导人及其随从为了个人私利浪费公共资金的例子数不胜数。

这一切都是有代价的。世界银行前行长金墉（Jim Yong Kim）将腐败称为“公平经济发展的最大单一阻碍因素”。[2] 由于很难观察和衡量，腐败的总成本难以评估。如果在一个特定的国家，很少有腐败案件被报道，是因为几乎没有腐败，还是因为犯有腐败罪的人从来没有被起诉？过去几年中国腐败案件的大量增加，是反映了一种令人担忧的趋势，还是表明对腐败的打击行动是成功的？尽管存在这些不确定性，但有一点是明确的，那就是全球范围内发生的大规模腐败及其对经济增长的阻碍作用。

在腐败盛行的社会中，那些有资格担任某些职位但没有能力行贿或没有人脉关系的人将被忽视。他们会感到不公正和不公平，从而产生挫败感，并可能导致绝望、暴力或动乱。腐败程度高的国家往往是陷入冲突的国家，这并非巧合。

腐败与社会信任

最有名的国际腐败的衡量标准是由国际非政府组织“透明国际”发布的“腐败感知指数”（Corruption Perceptions Index，CPI），该组织对每个国家的腐败程度进行年度排名。由于腐败比较复杂且难以察觉（因此用了“感知”一词），因此也有人批评 CPI。但总的来说，它被公认为对世界各地的腐败程度提供了一个公正的评估。

如果我们看看每个国家在 CPI 中的排名，并将其与这些国家的社会信任水平（由“世界价值观调查”评估得出）进行比较，我们会发现二者之间呈显著的相关性。[3] 北欧国家、荷兰和加拿大的社会信任度最高，同时也是被感知为腐败程度最低的国家。

这些国家当然不能避免腐败行为，但这种行为远没有那么常见。相反，缺乏信任的其他国家往往被感知为最腐败的国家。

当人们彼此信任时，他们会拒绝通过不诚实的手段获取利益或支持，即使借此有机会获得巨大利益而又几乎没有被抓的风险。因为那将违背他们所珍视、从小就培养起来的价值观。当研究人员研究纽约外交官的非法停车罚款时，他们发现，来自腐败程度高（社会信任度低）国家的外交官被处以的罚款最多，而来自北欧国家和日本的外交官被处以的罚款最少。北欧或日本的外交官可因他们的外交豁免权而不缴纳罚款，但他们没有这样做，因为这样的行为违背了他们的价值观。[4]而来自肯尼亚的外交官虽然收到了很多罚款单，就没有这样的顾虑。肯尼亚的腐败已经普遍到这样一个程度，即要想在没有人脉的情况下找到一份工作几乎是不可能的。2016年一项针对年轻人的调查发现，“一半的受访者不在乎他们是如何赚钱的，只要他们最后不坐牢就行”，同时超三分之一的人会“很容易行贿或接受贿赂”。[5]

是较高的社会信任度让公民更少腐败，还是更少的腐败让人们更信任彼此？可能两者都有一点，彼此会在一个良性（或恶性）循环中相互加强。但鉴于社会信任与其他文化价值观一样是趋于稳定的，因此更有可能是社会信任影响腐败，而不是相反。

社会信任与腐败之间的强相关性并不意味着社会信任度较

低的国家就不能有效地打击腐败,博茨瓦纳就是这样一个例子。根据 CPI 得分,它的社会信任度非常低,但它的腐败程度没有西班牙或意大利严重。该国独立后的第一任总统塞雷茨·卡马(Seretse Khama)在腐败问题上毫不妥协。他的权威不仅来自他的能力和公正,还来自他是该国主要酋长之一的统治者,卡马明白"腐败行为是非洲的祸根,并且在其人口稀少、贫穷的前保护国那里没有立足之地"。[6] 他确保违法者会在独立的司法制度下迅速接受审判,一旦被判有罪,就会被解除职务,即使他们碰巧是亲戚或朋友。诸如授予政府合同这样的决定往往是由整个内阁共同做出的,而不仅仅是部长或负责的官员。所有的预算和发展计划都是公开辩论的,社区和地方政府都积极参与其中。"所有的公开支出项目必须通过诚信和效率的双重考验,其中,诚信由竞争性招标规则来维持,而效率则由对每项拟议项目的回报率进行仔细的技术审查来执行。"[7]

新加坡是世界上最廉洁的国家之一,在最新的 CPI 指数的 180 个国家中排名第四,尽管其社会信任度比其他进入前十名的国家要低得多。[8] 因此并不是社会信任使其能够有效地打击腐败。新加坡的廉洁完全是通过足够的政策实现的:一个致力于打击腐败的领导层,只选拔有才能的公务员并给予有竞争力的薪酬,对被判有罪的人处以严厉的惩罚,迅速地司法处置,最低限度的官僚主义以及一个有效的反贪机构。然而现实是,社会信任度低的国家总是会发现，与人们普遍彼此信任的国家相比，它们打击腐败的难度更大。在社会信任度低的国家，只有实施一套强有力的措施，才能改变心态并对腐败产生真正的威慑；而社会信任度高的国家，即使在这些措施不到位的情况下，也更容易实现低腐败。

打击腐败

腐败一旦出现并成为公认的规则，就很难将其清除。它会侵入社会的各个方面。一旦腐败成为一种地方病，很少有国家在减少腐败方面取得真正的进展。打击腐败之所以如此困难，尤其是在社会信任度较低的国家，是因为腐败一旦开始，每个人都会有做出此类行为的动机。如果只有通过行贿才能获得工作、晋升或商业合同，那么那些不行贿的人就会失去机会。贿赂成为一个人发展事业或生意盈利的唯一途径。它会渗透到社会的各个层面及各个方面。

所以，该怎么做呢？我们认为，有四个措施是有效打击腐败必不可少的：高层领导打击腐败的真实意愿和能力；一套有效的法律机制，即有一个独立的反腐机构以及出台针对腐败罪名的严厉处罚条款；提供贿赂以外的可靠替代方案；更高的透明度。

要想实现变革，变革必须来自高层：高层政治领导人必须真正愿意打击腐败。领导者们一贯宣称他们将改变体制，但他们几乎从未这样做过，因为他们自己也从中获益良多。没有高层领导的支持，任何打击腐败的尝试都注定要失败。仅有改变体制的意愿是不够的，必须还要有这样做的能力。如果一位政治领导人真心想要进行体制改革，但由于缺乏权力而无法相应推进，也就不会有什么改变。打击腐败需要对抗强大的利益集团，包括政界同僚、军队高层或私人企业高管。不计其数的领导人因打击腐败被推翻,甚至更糟——为此付出了生命的代价。政治领导人需要强有力的合法性来推进这些改革。

假设一个领导人既有意愿也有能力打击腐败，下一步就会着眼于了解驱使人们参与腐败的动机，并采取对应措施减少这些动机。那些行贿的人会考虑他们能从中得到什么，但也会考虑他们可能会失去什么。如果预期收益高而风险低，人们就会倾向于行贿，至少在社会信任度较低的环境中是这样。为了减少这种诱惑，潜在的好处应该降低，而相应的风险应该显著增加。在很多国家，行贿的人觉得他们永远不会被抓，即使被抓，也不会有太大的损失。风险的增加意味着被抓的可能性增加以及严厉惩罚那些被抓的人。现在，如果一名中国官员知道自己很有可能被抓，导致他被判长期监禁并结束他的政治生涯，那么他在行贿或收受贿赂之前可能会三思而后行。

为了抓住罪犯，国家需要一套有效的法治，用以提供一个强有力的框架，在这个框架中，私有财产得到维护，交易可以在各方权利和义务得到明确规定并可强制执行的情况下进行。这包括建立一个独立、人员配备良好、预算充足的反腐机构。独立是指不受包括警察部队在内的公共或私人资本的影响。外界对该机构施加影响的任何企图都应予以公开报道并严肃处理。人员配备良好是指配备称职的员工。吸引人才的最好方法是付给他们高薪；如果机构雇员的工资过低，他们自己也可能成为腐败的受害者。预算充足意味着该机构有足够的资金开展调查。

一旦罪犯被抓住，他们就需要接受审判，如果被定罪，就需要严惩：最严重的腐败罪行应该被判入狱几十年。即使是不太严重的犯罪仍应受到足够严厉的惩罚，以起到震慑作用。这应该会减少人们违反规则的动机。法庭案件需要迅速审理，而不是经过数年无休止的上诉或行政程序。2016 年年底，印度反腐机构有 6502 起未决案件，其中有 1974 起案件的未决时间超过 5 年，1424 起案件的未决时间超过 10 年，209 起案件的未决时间超过 20 年。大多数审判持续数年，有时长达数十年。三分之一的高等法院法官职位仍然空缺。每百万人只有 19 名法官，是世界上比例最低的国家之一。德里高等法院（Delhi High Court）计算出，需要 466 年的时间才能办完所有这些案件。[9]毫无疑问，印度的 CPI 排名非常低。[10]

减少收受贿赂好处的最佳方法是增加诚实的收入来源。通常情况下，最高政治领导人的工资低得离谱，以显示与普通民众的亲近。但是，我们怎么能指望这些人——他们大多数受过良好教育，在私营部门可以获得高得多的工资——不利用他们的权力获取非法收益呢？认为从政的唯一目的就是为其国家服务的想法有点理想主义的。如果他们的收入过低，他们将有充分的动机通过不那么正规的手段来获取收入。任何级别的公职人员都是如此。他们的工资需要反映他们的资质和能力水平，就像他们在私营部门所取得的收入一样。在中国公立医院工作的医生经常依靠病人的“礼物”来补偿他们微薄的工资。在一些发展中国家，教师需要从学生父母那里获得额外的报酬。即使收入丰厚，官员们仍可以收取贿赂，但更高的工资（和严厉的制裁）可以降低他们这样做的可能性。

透明度和问责制也起着重要作用。那些参与腐败行为的人会想要保守秘密。制度透明使这些行为更有可能最终被披露。北欧国家有着世界上最透明的制度：公共资金的使用会受到严格审查，公民可以获取其他国家无法获得的有关公职人员的信息。斯堪的纳维亚的政治家知道，参与腐败很有可能被发现，这将导致他们的政治生涯过早结束，即使涉及的金额很小。新闻自由也有助于提高透明度。

透明度如何减少发展中国家腐败的一个典型例子是乌干达。

两名瑞典经济学家瑞特瓦·雷尼卡(Ritva Reinikka)和雅各布·斯万森（Jakob Svensson）研究了一个教育拨款项目，在该项目中，公共资金被分配给小学。他们调查了这些学校，以评估是否收到了公共资金。调查结果显示，学校只收到了总拨款的 13%，而且其中大多数学校什么也没有收到。其余拨款被政府官员和其他中介机构拿走了。在研究报告公布后，乌干达政府每月在当地报纸上公布学校资金分配给每个学区的报告，并要求学校报告他们实际收到了多少资金。透明度的提升意味着，地方政府等负责资金转拨的中介机构如果挪用这些资金，将被当场抓获。在几年内，80% 的学校资金到达了这些学校。而那些能更方便阅读到报纸的学校改善最大。[11] 这类试验值得在更多的国家和部门进行：当公共资金被分配给学校、医院或其他项目时，应由一个独立机构进行调查，以评估每个受益人实际收到的金额与他们应该收到的金额之间的差异。任何差异只会由延迟或转移资金所引发。转移资金应被调查,查明罪犯并将其绳之以法。在乌干达学校实验中取得的优异结果没有理由不能在其他地方复制。任何反对此类试验的领导人都没有认真对待反腐斗争。

透明度的另一个障碍是繁文缛节。沉重的官僚作风使人们更容易发现和利用体制中的漏洞，而滥用权力的行为却未被发现。在印度，2013 年有报道称，卡纳塔克邦的一名高级警官在给自己写信。作为负责内部安全的监察长，他有义务写信给监察长接受培训。但由于他同时监管两个部门，所以他履行职责的唯一方式就是给自己写信，然后再回信。他评论说，有时“他不得不口述一封严厉的信给自己，因为他自己从另一个办公室延迟答复了”。[12] 这并非个案。在印度，注册一处房产平均需要 89 天，关闭一家企业平均需要 10 年。一家制造公司预计要遵守“70 项不同的法律，面临多次检查，并在一年内提交多达 100 份申报表”。[13] 在日本，前公务员和记者若林亚纪（Aki Wakabayashi）在她的书中描述了有一天她是如何被她的雇主告诫“因为她为部门节省了两亿日元（约 180 万美元），结果导致明年预算没有这笔钱的危险。在即将到来的财政年度结束前，一场疯狂的冲刺确保将剩余的预算花光：购买不需要的设备，一位高级经理带着几名受青睐的女下属乘坐头等舱环游世界‘研究其他国家的劳动条件’”。[14] 应尽可能地减少官僚作风，从而将错误行事的机会降至最小。

遵循正确的例子

腐败已经使许多国家的经济增长脱轨。在世界各地，尤其是在贫穷国家，这是民众最关心的问题之一，他们厌倦看到精英阶层滥用权力、盗用国家财富。那些没有钱或关系的人在这种总是对他们不利的体制中几乎没有希望改善生活条件。

虽然低信任度的社会很难显著减少腐败，但这并非一项不可能的任务，正如博茨瓦纳和其他国家所表明的那样。但这需要一系列措施同时到位。只执行其中一些措施而不执行其他措施是不够的。如果社会变得更加透明，并对那些被发现有腐败行为的人进行严厉惩罚，但领导人并不认真打击腐败，就有可能收效甚微。

不幸的是，很少有发展中国家准备走这条路。不管他们是否被选举出来，领导人在维持现状方面往往有既得利益，他们总是承诺很多，但兑现得很少。马来西亚最近的一马发展公司（1 Malaysia Development Berhad，简称 1MDB）丑闻，据称有数十亿美元的公共资金被挪用，用于那些负责管理这些资金的人的奢侈生活。这提醒人们，蒙博托的过度行为并不属于一个早已过去的时代。毫无疑问，将会有更多的蒙博托为了个人利益而不惜牺牲人民的利益。

在这一章的开始，我们描述了一个腐败曾经猖獗、现在仍然猖獗的国家。最后，我们谈谈同一大陆上在腐败斗争中取得巨大进展的另一个国家。卢旺达与刚果民主共和国接壤，但在过去的 20 年里，两国的政策却发生了截然不同的转变。在保罗·卡加梅（Paul Kagame）的领导下，卢旺达实施了一系列旨在根除腐败的改革。举报人受到保护，即使是那些参与了腐败行为的人也不会受到起诉。几名高级官员在被高度曝光的腐败案件中被起诉并被迫辞职。据“透明国际”（Transparency International）称，随着透明度的提高和更严格的规定，卢旺达的公共采购政策得到了改善。虽然仍处于初期阶段，但这些改革使卢旺达的 CPI 排名迅速上升，从 2006 年的第 121 位升至 2019 年的第 51 位。预计这一趋势将持续下去。发展中国家的领导人如果怀有打击腐败的真实意愿，同时又有实施正确政策的能力，效仿博茨瓦纳或卢旺达的做法就可以做得很好，这可以为他们的人民带来生活在一个公平社会的希望，并最终给他们一个可以期待的未来。

第九章

财政政策

当罗米娜与丈夫和两个孩子一起吃完鸡肉土豆晚餐时，她回想起一年多来他们的生活发生了怎样的变化。他们以前是买不起肉的；现在他们每周至少煮两次鸡肉、羊肉或猪肉。他们的两个孩子一个 6 岁，一个 8 岁，现在每天都上学。他们通常会在接孩子放学回家的路上路过一家小店，买些饼干或水果。他们俩的气色都更好了。她丈夫的身体健康情况也不错，抽烟喝酒都少了。在过去的一年，她可以花钱买新衣服、新鞋子、更健康的食品、学校用品和厨房电器，这意味着她不再需要在地板上做饭，她的丈夫偶尔也会帮忙。

罗米娜和她的家人住在秘鲁罗萨斯帕塔（Rosaspata）偏远地区的一个小村庄里，位于安第斯山脉海拔 2000 多英里的地方，距离靠近玻利维亚边境的风景如画的的的喀喀湖只有几英里远。

自去年以来真正发生改变的是罗米娜每个月从政府收到的100索尔（约30美元）。一个月30美元似乎并不多，但对于秘鲁的贫困家庭来说却意义重大，有时会使家庭收入翻倍。钱进入了罗米娜新开的银行账户，那是她第一次开户。政府过去也曾发放过现金，但这对罗米娜和她的家庭影响不大：她的丈夫只是把钱装进口袋，主要用来买酒和香烟。孩子们不去上学，而是待在家里帮忙做家务。这家人还从政府得到食物或药品，但一年只有一两次。在这样一个偏远地区，运输很困难，食物或药品经常被中间人偷走。在极少数情况下，当食物或药品送到罗米娜家时，他们会将其出售以支付日常开支。

变化在于，现在必须满足一系列条件才能获得资金。罗米娜和她的孩子们必须获得身份证。她的两个孩子被要求定期上学，并由教师们向当地政府提供证据，以证明情况确实如此。另一项要求是她的孩子必须接种疫苗，由医生证明。在秘鲁2800万总人口中，有100多万贫困人口受益于一个名为Juntos（西班牙语为“在一起”）的项目，罗米娜是其中之一。这个项目是受墨西哥和巴西类似项目的启发，由政府于2005年9月实施。墨西哥和巴西的那些项目现在已经推广到整个非洲大陆和其他地方。这些“有条件现金援助”（conditional cash transfers）项目的目的是激励受益人采取一种有利于经济和社会进一步发展的行为。现金主要是给母亲的，因为妇女往往能更好地利用现金，而且会更关心孩子的福利。在 Juntos 项目中，该项目覆盖有 14 岁以下儿童的贫困家庭。母亲们必须签署一份长达四年的协议，并根据学校记录确保孩子的入学率至少达到 85%；完成所有疫苗接种；对于三岁以下的儿童，使用含氯水和抗寄生虫药物。孕妇必须参加产前和产后检查。母亲们还必须参加政府官员的介绍会，获取关于 Juntos 项目的进一步信息，目的是促进子女接受更好的教育和保健。如果不满足这些条件，现金援助将被暂停三个月。如果三个月后仍有违规行为，该家庭的项目将被终止。

Juntos 项目的实施并不容易。被派往村庄评估遵守情况的医生，如果不提供认可印章，会受到侮辱和人身伤害。教师有时会与家长串通，说他们的孩子在上学，但实际上他们并没有，或者要求贿赂，因为他们知道家长每月都在收钱。中介机构会提供虚假的合规证明。因此，监管对该项目的成功至关重要。秘鲁设立了一个独立的部门来监管项目的执行情况，检查员定期视察村庄以确保村民们遵守规定。

长期以来，秘鲁一直是拉丁美洲乃至世界上最不平等的国家之一。2005 年，三分之二的五岁以下儿童生活在贫困线以下，秘鲁通常将其定义为家庭月收入低于 100 美元的儿童，他们往往缺乏获得教育、水、电或医疗服务的机会。尤其在 1980 年代和 1990 年代，农村人口因遭受与共产主义游击队的武装冲突而导致6万多人丧生。尽管有这些挫折，Juntos项目的结果令人印象深刻：更多的儿童进入学校并完成了小学教育，卫生服务得到了更广泛的利用，每个家庭的营养摄入得到了改善，身份证使决策者能更好地确定那些需要支持的家庭并监测该项目，贫困人口收入水平得到了提升，在实施Juntos项目十年后，社会不平等现象显著减少，这是在不平等日益加剧的世界里的一个杰出成果。[1]

税收不平等

收入和财富的不平等已经成为我们这个时代的紧迫问题。尽管历史上曾有不平等现象加剧的时期，但在过去的半个世纪，世界上大多数国家的不平等现象都在加剧。全球化——富裕国家中低技能工作的竞争来源、市场管制解除、金融业的崛起以及自动化都被认为是导致不平等加剧的因素。

贫富差距的扩大并不是因为穷人越来越穷。在大多数国家，穷人的实际收入（经通胀调整后）要么停滞不前，要么略有增长。富人以一种很长时间没有见过的规模积累财富而变得更富有了。有人可能会说，只要穷人没有变得更穷，富人变得更富有其实并不重要；人们应该关注自己所拥有的，而不是别人有的。但我们大多数人并不这样想。人们倾向于通过对比来定义自己的幸福，即通过看别人拥有什么来决定我们是否应该满足于自己所拥有的。根据美国的一项研究，与住在自己收入 10 万美元而一般人收入 20 万美元的社区相比，人们更喜欢住在自己收入 5 万美元而一般人收入 2.5 万美元的社区。[2] 另一项美国研究发现，如果你的邻居中了彩票，你更有可能最终负债累累或破产，因为和富人住在一起会让你花更多的钱从而招致更多的债务。[3] 这些结果令人难以置信。我们大多数人都没有意识到这样一个事实：我们看重的是自己相对的收入和相对所拥有的，而不是绝对的。经济学家理查德 · 伊斯特林（Richard Easterlin）是这样说的："想象一下，当别人的收入保持不变而你的收入大幅增加，你会感觉更好吗？大多数人的回答是肯定的。但是现在，让我们把这个例子反过来。想象一下，你的实际收入保持不变，但其他人的收入大幅增加，你又会感觉如何？大多数人会说他们感觉不那么好了，即使他们真正的生活水平实际上并未改变。"[4] 社交媒体是让其他人的财富更容易被看到并被展示给更多人的一个因素。人们公开的东西往往是有选择性的，吹嘘自己的成功，掩饰自己的失败，这使得他们的观众对自己真正的财富和幸福水平产生了误解。

不断扩大的收入和财富差距往往会造成一种不公平感。人们越来越感到不安的是，财富越来越集中在少数人手中，至少在这些人被视为不配拥有财富的情况下更是如此。我们大多数人对像比尔·盖茨这样的企业家赚取数十亿美元并无异议：他们白手起家建立了自己的公司，创造了数千个工作岗位，并推出了如今在世界各地广泛使用的产品。这看起来很公平。但几乎没有人会同意雷曼兄弟公司（Lehman Brothers）前首席执行官迪克·富尔德（Dick Fuld）在2000~2007年期间将5亿美元的收入中饱私囊，然后将公司拖垮，并引发了一场需要7000亿美国纳税人资金填补亏空的危机。有些人的财富是通过努力工作得来的；其他人则继承了它，不费多大力气就把它积累起来。人际关系往往是找到高薪工作或丰厚合同的捷径。

这种不公平感在日常生活中都会表现出来：当读到公司高管收入数百万，看到一辆跑车飞驰而过，或者穿过头等舱前往狭小的经济舱座位并度过长达10个小时的夜间飞行（美国一项研究发现，与直接进入经济舱的乘客相比，穿过头等舱前往经济舱的乘客发生“空怒”的可能性要高出三倍多）时，都会有这种感觉。[5] 这种不公平感并不总是合理的。大多数人都会同意，在一个精英统治的社会里，那些努力工作并担任要职的人应该挣得更多。一个首席执行官因其职责级别应该要比其的同事挣得多。某种程度的不平等是不可避免的，特别是在快速增长的经济体中，因为在这些经济体，财富首先需要被创造，然后才能被分配。但日益增长的不平等正在成为一个日益严重的社会问题。

政策制定者解决不平等问题的主要手段之一是财政政策，尤其是税收政策。解决办法似乎显而易见：提高税收。税收越高，特别是对富人和高收入群体征税时，国家就有更多的钱对那些收入较低的人重新分配。从逻辑上讲，这应该会缩小贫富差距。高税收的支持者以北欧国家为典范：他们的税收很高，经济发展良好，不平等现象保持在较低水平。斯堪的纳维亚人以大量失业、医疗、教育和退休福利的形式享受着高水平的社会保障网络。为什么其他国家不能简单地复制这种模式？

有些国家尝试过了。但在大多数情况下，效果并不好。随着税收提高到更高的水平，企业和富人开始离开这些国家，而那些留下来的人则想出了巧妙的方法来逃税。所谓的税收优化顾问会突然发现自己的市场需求量很大。一些工人会变得不那么专注于自己的工作：如果他们的大部分收入都支付给了国家，而他们通过接受补贴几乎可以赚到同样多的钱，那为什么还要费劲工作呢？最后，税收收入几乎没有增加；在某些情况下，它甚至缩水了。也就是存在这样一个点——每个国家似乎都不一样，即超过这一点进一步提高税收反而会导致税收收入下降。在西方国家，使税收收入最大化的边际税率估计在50%~60%之间。[6]超过这一范围，税收收入会下降。

2013年，法国总统弗朗索瓦·奥朗德（François Hollande）对收入超过100万欧元的人征收75%的最高税率。在实行新税收的 2013 年和 2014 年两个财政年度中，分别只有 2.6 亿欧元和 1.6 亿欧元的额外税收收入。[7] 企业将他们的活动转移到其他国家。外国投资者纷纷撤出。一些知名人士决定移民，其中包括获得比利时国籍的法国首富贝尔纳·阿尔诺（Bernard Arnault）。值得注意的是，即使是职业足球运动员也威胁罢工，尽管他们的困境并没有引起多少同情。在同一时期，预算赤字飙升到新高。法国政府很快收回了这一决定：新税收出台不到两年就被取消了。其他试图大幅提高税率的国家也出现了类似的情况。

信任和税收

为什么有些国家成功地提高了税收，而另一些国家却没有？

为了回答这个问题，让我们从一个更简单的问题开始：人们为什么要纳税？我们大多数人纳税或许是因为别无选择。如果不纳税，我们就会受到从罚款到监禁甚至死亡的各种惩罚，具体形式取决于适用的司法管辖权和犯罪的严重程度。如果可以选择，我们中的许多人都会选择不纳税。但对有些人来说，他们纳税还有另一个原因。如果他们相信别人也缴纳应缴的税款，相信政治机构能很好地管理税收收入和再分配，他们至少会认为缴纳一些税是公平的。对他们来说，税收是政府更好地管理经济的一种合法且必要的工具。

另一方面，如果政府不能妥善处理税收收入，将资金用于谋取个人私利，投资于非生产性资产，或将资金用于支付臃肿的官僚机构，人们就不会信任自己的政府。同样，如果他们观察到其他人没有缴纳他们应缴的税款或滥用社会福利，国家将不会被视为合法的税收征收者，而一旦这种情况发生，人们会采取逃税或逃避工作等非生产性行为，这最终会加重经济负担。因此，信任在很大程度上决定了一个国家能够征收的税收水平。简而言之，如果人们不信任彼此或不信任政府，就应该保持低税收，即使这是以扩大不平等为代价的。但如果人们确实信任彼此和政府，那么就应该提高税收，以遏制不平等现象。

如果我们比较一个国家的税收水平（以税收占国内生产总值的比例衡量）和社会信任水平（以调查衡量），我们会发现二者之间的紧密联系：高税率的国家也是人们相互信任程度最高的国家。一项研究发现，在社会信任度较高的国家，公司采用避税方案的可能性较小。[8] 但是，人们对他人缺乏信任的国家往往是那些税收收入最低的国家。[9] 这些结果表明，鉴于社会的信任度，一些国家的税收水平可能过低。因此，中国、墨西哥和美国似乎还有提高税率的空间以减少社会不平等。

这并不是说社会信任度高的国家可以无限地提高税收。瑞典是世界上对他人和政治机构信任程度最高的国家之一，在

20世纪70年代末，该国将部分高收入者的所得税税率提高到85%，结果经济增长大幅放缓，公共赤字飙升，政府所期待的更高的税收收入也仅是略有增长。宜家（IKEA）创始人英瓦尔·坎普拉德（Ingvar Kamprad）、利乐公司（Tetra Pak）创始人鲁本·劳辛（Ruben Rausing）、实业家弗雷德里克·伦德伯格（Fredrik Lundberg）、电影制片人英格玛·伯格曼（Ingmar Bergman）、网球选手比约恩·博格（Björn Borg）等富豪开始离开这个国家。如果为减少不平等而使得高收入者离开这个国家，那么这很难说是一个令人满意的结果。当地企业在税收压力下苦苦挣扎，生产率下降。甚至医生也开始做兼职工作，因为在扣除税收后，即使他们工作更长时间，收入也不会增加。几年后，瑞典不得不改变方针。高税收没有达到预期效果的最好证据是，它对瑞典财政的贡献非常少。充其量，遗产税和资本利得税各占年度GDP的0.4%。当这两个项目在2004年和2007年被取消后，它们各自对年度GDP的贡献都不足0.2%。人们显然在想方设法绕过它们。

在本章中，我们已经初步讨论了一般意义上的税收。当然，有各种各样的个人税和公司税，包括增值税、出口税等间接税收。与发达国家相比，新兴市场的间接税在总税收中所占的百分比更高，因为间接税更容易征收和监测，特别是对于非正规部门庞大的经济体而言。一些所得税制度的累进程度高于其他制度，给高收入者带来了沉重的负担。尽管应该考虑到这些因素，但我们没有深入研究各种税收制度的细节这一事实不应使这样一个普遍结论失效，即社会信任非常重要，社会信任度越高，总体的税收水平就越高，而这反过来又有助于降低收入和财富的不平等。

福利支出

在前一节中，我们探讨了政府如何主要以税收的形式收取收入。我们现在要着重谈谈政府实际如何使用这些收入。虽然有许多种支出方式，但我们这里关注的是在过去 50 年中增长最多、现在是许多国家最高单项支出的一项支出：社会福利。一些国家，特别是西方国家，已经把越来越多的预算用于照顾低收入者、退休人员、儿童、失业者和需要医疗援助的人。尽管存在巨大的差异——一些低收入国家的社会支出仅占预算的 5%，而其他国家的社会支出高达 50% 或更多——但全球趋势是增加社会支出。

当涉及税收时，大多数人对社会公共支出都有一种意识形态的、简单化的观点。考虑以下两个例子。

对于 50 岁的信息技术专家亚当来说，过去的一年很艰难。六个月前，由于信息技术服务需求严重放缓，他工作的咨询公司倒闭，他失去了工作。从那以后，他向100多家潜在雇主投递了简历，尽管在薪资、工作地点和工作范围方面都很灵活，但从每一家收到的反馈都是拒绝。经济前景相当黯淡，很少有公司招聘，有很多公司已经将业务外包或转移到成本较低的国家。少数仍在招聘的公司宁愿雇用应届毕业生，也不愿雇用已经失业6个月的中年人。这对亚当来说是不公平的：他很努力，并且能胜任他所从事的工作；他只是需要一个机会再次证明自己。他对事态的变化越来越失望。去年一场复杂的离婚让他面临的问题更加复杂。幸运的是，他可以依靠失业救济金，如果没有救济金，他真的会很艰难。这极大地帮助他渡过了自己希望只是暂时的困境。

布莱恩三十出头。他这辈子没怎么工作，近期也不打算做任何事情。他大部分的时间都在玩电子游戏，和朋友们一起喝酒，这些朋友也大多和他有同样的人生观。他一直不太明白为什么人要像奴隶一样工作，无休止地追求物质利益，似乎对自己的生活从来都不满意。他依靠慷慨的福利计划，使他的生活相对舒适。当然，失业办公室那个讨厌的咨询师每年会强迫他参加几次求职面试。但他总是确保自己让他们失望，而且到目前为止还没有受到惩罚。他可能会考虑做一点工作，但前提是工作时间灵活，而且步行就能到他住的地方。

亚当和布莱恩是模板。虽然这个世界上有很多亚当和布莱恩，他们代表了人们可能持有的各种态度中的两个极端。然而，我们中的许多人相信，人们几乎完全由亚当或布莱恩组成。这往往是我们意识形态思维方式的结果。政治上的右派倾向于把失业者视为一群滥用慷慨福利制度的懒人。政治上的左派倾向于把失业者看作努力工作的人，他们是制度失灵的受害者。这些对立的观点在国与国之间差别很大。当被问及需要社会援助的人陷入这种境地是因为懒惰和缺乏意志力，还是因为社会不公平时，60% 的美国人认为是因为懒惰和缺乏意志力，而只有 39% 的德国人认为是这样。[10]

造成这种认知差距的一个原因是很难获得关于人们实际行为的可靠数据。那些表现得像布莱恩的人通常不会吹嘘自己没有努力找工作。在缺乏可靠数据的情况下，我们一般会依靠自己的个人经验来形成自己的观点。我们会观察某些人，并可能由此推断他们的行为反映了所有公民的总体行为。这可能会引起误解，因为我们的个人观察可能不能代表整个社会。然而，这些认知无论多么不准确，都会产生深远的影响。如果决策者认为大多数人都会像布莱恩一样行事，他们就会减少福利，并希望借此能迫使那些没有工作的人更积极地去找工作。反过来，如果他们认为大多数人都像亚当一样行事，会让福利保持不变或增加以支持那些生活暂时处于不稳定状况的人，因为削减福利只会给受益人带来更多的困难。决策者应该努力找到正确的平衡点，既要减少人们滥用福利的动机，又要向有需要的人提供足够的社会保障。

与税收类似，社会信任在我们处理社会福利的方式中也发挥着重要作用。在人们普遍相互信任的社会中，更多人会像亚当一样行事，很少有人会试图利用福利制度。北欧国家有着慷慨的社会福利，涵盖失业、教育、退休或医疗服务，然而很少有人滥用这一制度，许多人会觉得这样做很尴尬。即使知道可以不受惩罚，他们也不会这么做。但在人们一般不彼此信任的国家里，更多的人最终会表现得像布莱恩一样，毫无顾忌地利用这一社会保障制度。

减少社会信任度低国家的不平等现象

到目前为止，我们大致描述了在社会信任度较高的国家，如何通过增加税收和社会福利最终减少社会不平等来扩大国家在再分配方面的作用。但是那些社会信任度低的国家呢？这些国家注定要长期处于高度不平等状况吗？

有些方法不起作用。提升社会信任并不是一个选项：人们不会突然变得更加信任他人。仅仅关注富人也是行不通的：没有一个社会信任度低的国家能够仅仅通过向富人增税来持续减少社会的不平等。这种“罗宾汉的幻想”可能会吸引选民，但在现实世界中行不通，因为大多数富人和高收入者都有足够的智慧来规避更高的税收。基于此，需要引入第三方的税务报告，比如雇主，但也包括信用卡供应者或银行。税务机关可能会要求雇主直接向它们报告雇员的收入水平，而不是仅仅依靠个人的纳税申报。除非雇员和雇主之间存在勾结，否则这种申报制度会使逃税更加困难。然而，在许多纳税人都是自雇人士的社会中，这种做法的效率要低得多，较贫穷国家的情况就是如此。

社会信任度低的国家不应把重点放在富人身上，而应把重点放在穷人身上，并致力于帮助他们摆脱贫困。要做到这一点，就需要给予他们正确的激励，要么“推动”他们，要么强迫他们采取某种特定的期望行为。行为金融学最成功的应用之一与退休储蓄有关。在许多国家，雇员在缴纳多少退休金方面有一定的灵活性。但是，大多数人不太担心为退休生活留出足够的资金，特别是当退休生活还很遥远的时候。一个 30 岁的人通常不会考虑他 35 年后退休时的财务状况。这可能是一个代价高昂的错误：由于复利的影响，在人生早期存钱确实会对舒适的退休生活产生很大的影响。为了吸引人们为退休储蓄，经济学家理查德·塞勒（Richard Thaler）和什洛莫·贝纳茨（Shlomo Benartzi）设计了一个系统，雇员可以自动登记，将未来工资增长的一部分存入储蓄账户。雇员可以选择不参加这项计划，但很少有人真正这样做。只要运行这一系统，储蓄率就会大幅上升：即使是现在不愿多存钱的人，将来也会因这么做感到更放心。[11]

有条件的现金转移支付

在社会信任度低的国家，帮助人们摆脱贫困的另一个强有力的方案是有条件的现金转移（Conditional Cash Transfers, CCTs），该方案来源于社会信任度极低的拉丁美洲。不足为奇，这也是一个社会高度不平等的区域，甚至是大多数人所认为的世界上最不平等的区域。但自 2000 年以来，收入不平等出人意料地减少了。更令人意外的是，几乎所有的拉美国家都出现了这种情况。不同政治派别的政府实施的各种政策几乎没有什么区别，效果也很显著，即在一个不平等持续扩大的世界里，拉丁美洲是不平等实际减少的唯一区域。[12]

有这样几种解释。一是该区域从 2000~2010 年迎来了长期的经济增长。然而，世界上其他经历了类似增长的国家其收入不平等却在扩大，而不是减少。为什么拉丁美洲会有所不同呢？另一种解释是税收的增加。的确，自 2000 年以来，该区域大多数国家的税收收入占 GDP 的比例都有所上升。但这并不是个人税率更高的结果，它更多地与市场条件的改善有关，特别是使该区域许多国家受益的商品繁荣。此外，与经合组织（OECD）

的国家相比，拉美国家政府的销售税和出口税在税收中所占的比例要高得多。间接税并不能减少不平等，相反，它给低收入者带来了更多的负担。拉美各国政府也更多地依赖于企业而非个人的税收收入。[13]收入不平等并没有因为财富从富人转移到穷人而减少。事实上，富人一直在变得更富。据估计，从2002~2015年，拉美亿万富翁的财富平均每年增长21%，是该区域GDP增长的6倍。[14]不平等现象的减少是因为穷人和中产阶级的状况改善了，这在很大程度上是由于实施了有条件的现金转移支付。

在20世纪90年代末引入有条件的现金转移支付之前，社会福利以现金或实物的形式发放给低于预定收入门槛的人。这些政策的效果往好了说也十分有限，往坏了说是适得其反，因为有些受益人滥用了福利（换言之，像布莱恩一样行事）。正如在秘鲁及其Juntos项目中所描述的那样，有条件的现金转移是为了向贫困家庭提供现金，但必须满足某些条件。事实证明，这对依靠孩子获得额外收入的农村家庭特别有效。在旧体制下，家庭会从政府获得现金，但仍然拒绝送他们的孩子上学，即使上学是免费的，这就剥夺了孩子们潜在的光明未来。但是有了有条件的现金转移项目，家长们就不再有这个选择了：如果他们想要现金补助，他们的孩子就必须去上学。

鉴于其成功，有条件的现金援助迅速在该区域蔓延开来。

据估计，到 2011 年，拉丁美洲受益于有条件的现金援助的人数多达 1.29 亿，其中大多数是低收入家庭。[15] 自那以后，这个数字一直在增长。一项研究发现，从 1995~2005 年，有条件的现金援助将巴西和墨西哥的不平等现象减少了 21%，在智利减少了 15%。[16] 另一项研究得出的结论是，如果没有实施有条件的现金援助，该区域的贫困人口将增加 13%。[17] 此后，其他国家也采用了有条件的现金援助，包括南亚、非洲和其他地方。更多的国家也应该实施这一政策，包括那些已经达到很高发展水平但社会信任度依然很低的国家。

第十章

货币政策

津巴布韦电视台 2008 年在全国播出广受欢迎的节目《谁想成为百万富翁？》，参赛者的目标就是赚取几百兆的津巴布韦元并使之物有所值；一百万津巴布韦元甚至还不够买一杯咖啡。参赛者还将面临一个世界各地的参赛者都不需要担心的挑战：尽可能快地正确回答问题。他们回答问题的时间越长，所获得的奖金就越不值钱，因为在这个国家，货币的价值每小时都在贬值。物价几乎每天都翻一番。公交车司机晚上收取的费用要高于早晨，而且每天三次将当地货币兑换成外币。在首都哈拉雷，大多数街角都能找到货币贩子。[1]

早在 20 世纪 90 年代末和 21 世纪初，总统罗伯特·穆加贝（Robert Mugabe）的政府就开始了一系列改革，最终导致国家破产。各个领域都成立了上市公司，并由不合格的政治亲信经营。

绝大部分上市公司最终都累积了巨额亏损，需要政府提供更多资金才能维持运营。实施了土地改革，但将土地重新分配给那些几乎没有经营农场经验的人。这导致了农业生产的崩溃，迫使该国进口粮食并消耗其外汇储备。银行业崩溃，大多数人失业，甚至预期寿命也缩短了。但政府没有气馁，继续支出，还参与了与邻国刚果民主共和国的军事冲突。所有这些都需要钱，而政府已经没有任何财政盈余了。

政府没有现金，但并非没有主意，于是指示中央银行印制更多钞票。对津巴布韦的决策者来说，这似乎是一个简单的解决方案：制造货币来偿还债务和支付费用。津巴布韦央行行长吉迪恩·戈诺（Gideon Gono）经常在公开演讲中恳求上帝确保他的政策能够实施成功，并觉得“传统经济学在这个国家并不完全适用”[2]。事实很快就证明他错了。随着如此多的新货币进入流通，几乎没有用于生产目的，在某一时刻，这些货币不可避免地贬值了。预期未来物价会上涨的工人（至少是那些仍有工作的人）要求更高的工资。面对更高的工资，公司不得不提高商品的销售价格。价格不断攀升，屡创新高。然后，戈诺就会出现在哈拉雷的街道上，乞求店主降价。唉，不论是他们还是耶和华都不会愿意接受他的恳求。

这种毫无价值的货币最终停止流通，取而代之的是外国货币，主要是美元和南非南特。但即使是这样，银行也不得不对人们可以提取的钱的数量施加严格的限制：如果没有这样的限制，大多数人会因为对当地银行不信任而一次性取出所有的存款。在十年没有自己的货币之后，津巴布韦于2019年推出了一种新的津巴布韦元。尽管中央银行现在（至少在官方上）对印钞更加谨慎，并将利率提高到50%，但物价还是再次上涨，其上涨速度可使其每年翻一倍以上。在多年的经济管理不善之后，津巴布韦人对他们的领导人稳定货币的能力根本没有信心。信心一旦失去，就很难再找回来。政府的最新举措是在2019年8月决定在几个月内不公布月度价格，而这也无助于改善民众对这种新货币的信心。[3]

全球货币政策

尽管在过去的几十年里，人们努力让货币政策更透明和便于理解，但它常常被认为是晦涩难懂的，甚至是神秘莫测的。央行行长对那些不积极参与该领域的人使用的是晦涩难懂的行话。比如货币的概念，它是如何被创造出来的，它是如何在银行系统和更广泛的经济体系中流动，以及它是如何影响诸如通货膨胀、国内生产总值、汇率或失业率等经济指标的，这可能令人相当困惑。然而，货币政策对一个经济体的重要性怎么强调也不为过。一项错误的政策可能导致物价大幅上涨、经济增长放缓、货币不稳定或金融部门失灵，所有这些都可能导致灾难性后果的危机，甚至摧毁整个经济，津巴布韦的情况已经非常清楚地证明了这一点。

央行行长有很多手段可以用来管理货币和银行业务。这些手段的效力在每个国家因其经济结构的不同而有所不同。在高储蓄率和经济增长依赖出口的国家，一个重要的考虑因素是这些国家与他们主要贸易伙伴之间的汇率：本币走强会使出口商品更加昂贵，因此缺乏吸引力；而疲软的货币才会使这些出口更具竞争力。这对于新加坡、中国香港或瑞士等国（境）内市场较为有限的经济体来说，尤其如此。防止本币过于强势通常是通过增加外汇储备来实现的。[4]截至2020年1月，拥有最高外汇储备的前10个经济体要么整体人口勤俭节约，要么都是大宗商品生产地：中国大陆、日本、瑞士、俄罗斯、沙特阿拉伯、中国台湾、中国香港、印度、韩国和巴西。[5]持有大量外汇储备的另一个原因是为了避免投机性攻击或外国投资者的突然撤资，这可能会破坏当地货币的稳定，尤其是在它与另一种货币或一篮子货币挂钩的情况下。1997年亚洲金融危机时，受金融危机影响最严重的经济体泰国、印度尼西亚和韩国的货币就出现了这种情况，由于外国投资者纷纷撤出，这些国家的货币价值大幅下跌。2018年，随着外国投资者将资金汇回国内，资金从新兴市场大规模撤出，导致许多货币大幅贬值，损害了新兴市场的信誉。

那些拥有庞大国内市场的国家，尤其是那些储蓄率较低、经济增长对出口的依赖程度较低的国家，其货币当局将更关注短期利率。即便如此，货币汇率还是很重要，而且在一个日益全球化的世界里，它的影响都要比过去更大。但在一般情况下，它们不会成为这些国家货币政策的主要驱动力。

并非所有国家都能从运转良好的资本市场受益。在这种情况下，中央银行可用的一种手段是调整商业银行的存款准备金要求，迫使商业银行以存款准备金的形式在中央银行持有一定比例的负债。由于传统银行的贷款额高于其持有的存款，并利用短期存款为长期贷款提供资金，因此存款准备金起到了缓冲的作用，确保银行不会在放贷过程中变得鲁莽，进而有可能耗尽资金。在许多使用其他监管和监督工具来监测商业银行持有存款准备金的国家，存款准备金要求在很大程度上已经过时了，但在资本市场更有限的国家，存款准备金要求仍然是一种重要的货币工具，以及那些决定将存款准备金作为主要货币工具之一的国家，比如中国。

贫穷国家的领导人往往对货币和银行在其经济中所起的作用知之甚少。这种缺乏理解的情况有时甚至会延伸到本应该知道得更多的央行行长身上。这可能会导致政策不符合本国公民的最佳利益。因此，雇用合适的人来管理货币政策，并让他们在不受政治干预的情况下继续工作，是非常必要的。如果在国内找不到合适的候选人，则应考虑外来者。在著名的外国央行工作的实际经验，即使只有几个月，也应该是先决条件。世界各地的央行行长，尤其是腐败盛行的较贫穷国家的央行行长，应基于他们的责任程度给予足够的补偿，这样，他们的国家才能留用他们，进而维护其独立性和正直。

通货膨胀

价格稳定是世界各国央行的主要任务。价格通胀，或简单的通货膨胀，指的是对家庭有影响的商品和服务价格的上涨。高通胀扭曲了价格，造成了混乱，如果不加以控制，还会持续上涨。但是，如果通货膨胀过低甚至为负，就会促使人们推迟消费，从而降低经济增长。因此，过高或过低的通货膨胀都是不可取的。发达国家的大多数央行将通货膨胀率的目标定在 2% 左右，而在预期会产生较高名义（通胀前）增长的发展中国家，这一比例通常更高。

在没有价格管制和其他刻板措施的情况下，通货膨胀是由构成通胀指数的商品和服务的供求决定的。价格上涨或下跌的原因有很多，其中有些是货币性质的，有些则不是。如果供应短缺导致石油价格上涨，而石油是通胀指数的一个组成部分，那么通胀就会上升。如果经济陷入低迷，对商品和服务的需求就会下降，价格就不会像以前那样上涨（甚至下跌）。在较长的一段时间内，价格往往反映了经济中流通的货币数量：任何没有被经济活动吸收的货币供应量的增加，最终都会反映在较高的价格上。

通胀率与工资和失业率密切相关。如果经济发展良好，很少人失业，每个职位的竞争将会减少，公司将会发现更难招人。工人们会要求更高的工资，而且通常也会得到更高的工资。有了更高的工资，他们就可以花更多的钱，刺激对商品和服务的需求，从而提高价格。但如果有很多人失业，企业就可以在招聘时更有选择性，并提供不那么有吸引力的工资。工人的收入将减少，支出也将减少，降低了对商品和服务的需求，从而降低了价格（或以较低的比率提高价格）。这对央行的启示就是，失业率可以降低，但代价是通胀上升。

当然，在一个重要的例子中，通胀和失业之间的关系失效了。当人们预期未来物价和工资会上涨时，通胀可能会上升，而失业率却不会相应下降。在这种情况下，工人们开始将未来的价格上涨计入工资；面临较高生产成本的企业将这些成本反映在产品或服务的销售价格中。通胀预期会自我应验，不管就业市场或更广泛的经济状况如何。通货膨胀有它自己的节奏。任何试图将失业率降低到被认为是充分就业率以下的做法都不会成功，或者只是会在短期内不会成功。充分就业并不意味着每个人都有工作，因为一些工人会处于待业，而另一些人可能缺乏填补空缺所需的技能。这只是一个理论上的比率，因为没有人知道这个比率到底是多少。但超过这一比率的结果绝不是理论上的。中央银行为了降低失业率而降低利率很可能会引发通胀预期。工人们预计未来物价会上涨，因此会要求提高工资。面临更高劳动力成本的企业,其利润率会更低,可能不得不裁员。结果，失业率又回到了原来的水平。短期利率的最初下降和相应的货币供应的增加会导致通货膨胀率更高、经济活动减少，而失业率从长远来看没有任何改善。

人们从什么时候开始预期未来价格会上涨？在低通胀水平下，我们大多数人几乎不会注意到这一点。去年工资只增长了1%，但今年如果增长3%，我们就会觉得比去年的生活更优渥。但情况不会总是这样。如果去年的通胀率达到2%而今年持平，那么这两年我们的实际工资增长了1%。但我们没有意识到的是，我们去年的收益价值减少了2%。无数的心理学研究已经表明人们是如何受到货币幻觉影响的，因为他们无法充分考虑到通货膨胀。[6] 在美国的一项调查中，有一半的受访者表示，即使物价同样上涨，但如果他们的工资上涨，人们对工作的满意度也会更高。大多数人不仅没有意识到通货膨胀如何影响他们的购买力，他们也没有意识到更高的价格如何影响经济，包括自己的收入。当被问及如果过去五年的通胀率高于完全没有通货膨胀的情况下，他们的收入是否会更高时，只有三分之一的受访者认为情况确实如此。[7]

在某一时刻，人们开始意识到出了什么问题，意识到他们的收入和储蓄的价值正在耗尽，他们开始形成对未来价格的预期，并据此行事。[8] 如果物价每年上涨 10%，人们会希望这种上涨能反映在工资上。接下来的问题是：物价以什么样的速度增长会使人们开始形成对未来价格的预期，并将其用于决策过程？经济学家乔治·阿克洛夫、威廉·狄更斯和乔治·佩里在 2000 年发表了一篇论文，描述了在美国当消费者价格指数（Consumer Price Index）——美国最常见的通胀指标——超过 3.5% 时，人们是如何开始形成（并使用）通胀预期的。[9] 在低于 3.5% 时，人们不会将通胀考虑其中并据此行事。如果这种观点正确，那么对货币政策的启示就是，在低通胀的情况下，利率可以被推低到低于常规假设的水平，从而在不引发更高通胀的情况下促进就业和经济增长。因此，2% 的通胀目标可能过低，会阻碍经济充分发挥其增长潜力。考虑到任何高于这一水平的通胀都有可能引发通胀预期，进而让情况变得非常难以逆转，因此设定 3% 的通胀目标更为合适。对货币政策的另一个启示是，试图将通胀率降低到 2% 以下并希望随之而来的经济低迷只是暂时的——因为失业率最终会恢复到充分就业水平——的政策是错误的：如果人们不形成低通胀水平下的通胀预期，不愿降低名义工资，那么由此导致的高失业率可能会持续更长时间。

对抗高通胀

一旦高通胀预期出现，那么回到较低的通胀水平就会成为一个真正的挑战。最常见和最直观的方法是减少流通中的货币量（或在极端情况下，替换现行货币）。通常采取的形式是提高利率、提高商业银行的存款准备金要求，或者对于那些经济增长严重依赖出口的国家来说，升值当地货币（通常是将外汇储备转换成当地货币）。这些措施可能会导致经济活动减少和失业率上升：提高利率会增加借贷成本，提高存款准备金要求会降低银行的放贷能力,而本币走强会削弱出口商品的竞争力。但是，要想在经济反弹之前抑制通货膨胀、经济下滑，甚至是严重的经济下滑，可能是必需的。要想取得成功，央行采取的行动必须被视为是可信的。如果民众和企业不再相信央行抗击通胀的坚定决心，通胀预期就不会消退。

不幸的是，无论是富国还是穷国，很少有国家愿意经历一段（可能很长的）艰难时期。那些掌控着货币事务的政客们，或者正在竞选连任，或者有可能在军事政变中被赶下台，都不愿意让他们的公民承受暂时的困难。在中央银行不受政治干预的国家，对抗高通胀的效果最好。20世纪70年代，由于各国经历了高通胀，政客们也在抵制加息的尝试，西方世界曾推动央行获得更大的独立性，但在许多国家（甚至是富裕国家），中央银行远不是独立的，即使是那些已经独立的央行也不得不不断捍卫自己的独立性。在缺乏真正独立的央行的情况下，政治领导人需要做出果敢的决策，通过限制短期的经济增长，以换取更长期的经济繁荣。在政权稳定的国家，这更容易做到，因为领导人不必担心因为选举或军事政变而被赶下台。但它仍然需要一种意愿和能力才能做出正确的决策。到目前为止，中国已经成功地给经济踩了刹车，但其经济有时仍会面临过热风险。总体而言，发展中国家往往缺乏对抗高通胀的政治意愿。

另一个对抗高通胀的选择是价格控制（或者不太常见的工资控制）。在这种情况下，政府修正或限制某些价格的上涨。这通常需要补贴那些不得不以低于市场价格出售产品的生产商。价格控制适用于任何影响家庭预算的项目：燃料、面包、糖、医疗费用，甚至包括手机或电视订阅。乍一看，这似乎是个好主意，因为它为不断上涨的价格提供了一个快速解决方案。但这通常会带来可怕的代价。那些尝试过价格控制的国家，国库往往会因为慷慨的价格补贴而迅速枯竭。如果补贴过低，生产商可能会破产，也就没有什么动力去亏本生产，从而导致物品短缺。价格扭曲还会导致黑市的出现，特别是在腐败程度很高的国家。

在某些情况下，价格控制可能是合理的。在发展中国家，面包、大米和燃料等必需品经常得到大量补贴，以确保低收入者也能买得起。如果进口商品的成本因国际价格上涨或当地货币贬值而增加，通胀也可能是输入性的。当进口基本必需品的价格上涨时，就会造成困难。抵消输入性通胀影响的一种方法是，让国有中介机构以市场价格拿到进口的产品或服务，并以补贴价格在国内销售。这些中间商会因此蒙受损失，但与价格普遍上涨相比，这样的结果可能更可取。中国过去就曾对某些进口商品采取过此类临时进口措施。虽然在这些情况下价格控制可能是合理的，但它们应该是暂时的，而且需要密切监测，因为它们造成的市场扭曲可能会导致腐败行为发生。

零工经济时代的就业

当高通胀威胁着发展中国家的经济增长和稳定时，高收入国家正不得不应对相反的问题：通胀过低。在过去的十年里，中央银行家们一直相信（许多人现在仍然相信）创纪录的低失业率会带来更高的工资和更高的通胀。他们会依据历史模型，预测 3%~4% 的失业率将不可避免地导致工资和物价的上涨。对更高通胀的担忧证明，以牺牲进一步的经济增长为代价而提高利率是合理的。然而，工资和通货膨胀一直持续低迷。截至2019年年底，在新冠肺炎疫情大暴发之前，许多富裕国家的失业率达到了历史低点：在美国，失业率是60年来的最低水平；在英国，是1975年以来最低的；德国是1990年以来的最低水平；在日本，则是25年以来最低的。所有这些关于机器人和自动化会导致大规模失业的担忧，至少到目前为止还没有成为现实，事实上它远不会成为现实。

创纪录的低失业率之所以没有导致更高的工资和更高的通货膨胀，是因为就业市场的结构已经发生了根本性的变化。从历史上看，失业率一直是劳动力市场"疲软"的指标。非常低的失业率意味着几乎没有人竞争同样的岗位，这会迫使公司或企业提高工资以吸引其他雇主的员工。但在过去的十年里，尽管失业率创历史新低，许多人却没有一份全职、高薪的工作。他们要么因为找不到工作而放弃找工作，要么只是做兼职，从而无法找到一份好工作：一份薪水不错、全职，且与员工资质匹配的工作。许多人都未实现充分就业。当我们看看就业水平时，这一点就非常明显了：就业人数与劳动年龄人口的对比。自2008年金融危机以来，就业率显著下降，尤其是在美国。[10]

为什么有这么多的工人没有被认为是失业，但仍然无法获得好的工作？这有时可以解释为其他国家对低技能工作的激烈竞争、移民的增加、不平等的扩大和住房拥有率的提高。这些因素可能发挥了作用，但它们在过去几十年里一直在发挥作用，因此它们本身无法完全解释过去10年就业不足的上升。相反，请考虑以下（新冠肺炎疫情暴发前）数字：美国最大的拼车应用“来福车”（Lyft）在全国有150万的活跃司机。它最接近的竞争对手“优步”（Uber）在全国有90万的活跃司机（全球有300万）。中国最大的拼车平台“滴滴出行”拥有3000万活跃司机。爱彼迎（Airbnb）是另一个允许房东收费为客人提供短期住宿的平台，其网站上有600多万个房源。美国最大的食品递送服务Grubhub每天通过其司机网络处理超过40万份订单。[11] 这些工作在10年前是不存在的。我们大多数人都把零工经济和这些公司联系在一起，但他们只代表了一小部分。零工经济不仅仅是与司机、外卖或房屋租赁有关，咨询顾问、自由撰稿人、独立律师、上门取送洗衣服务以及为长途旅行租用空座位的车位，这些都是零工的例子。甚至有一些平台可以付费帮你遛狗，或者在家里发现蜘蛛时帮助那些患有蜘蛛恐惧症的人。

在2019年年底的美国，1%的失业率大约是160万人，略少于所有活跃的“来福车”司机。[12] 这让我们得以了解零工经济对美国就业的影响，以及为何在新冠肺炎疫情期间有这么多工作岗位流失。当然，很多司机为多个平台工作，可能会把他们的公寓出租几天，然后在另一个班次送外卖。这些工作并不总是新创造的：许多传统的出租车司机可能已经被“来福车”或“优步”司机取代，或者可能已经向这些平台转型。但这些新公司的规模和使用其平台的人数证明，已经创造了许多新的就业机会。零工经济的真正影响仍难以评估。所有兼职或短期工作都应该被视为零工经济的一部分吗？那些同时有兼职工作的全职员工呢，比如那些周末为“优步”开车赚取额外收入的人呢？美国的一项研究发现，“传统”全职工作的数量在 2005~2015 年间没有增加。在此期间，几乎所有新创造的工作岗位都是通过“可替代的工作安排”（alternative work arrangement）实现的，作者将其定义为“临时帮助机构员工、随叫随到员工、合同公司员工、独立合约员工或自由职业者”。这是一种很新的现象：该研究的作者指出，从 1995 年到 2005 年，这些替代工作安排对美国经济中的就业增长几乎没有影响。[13] 使用零工广义定义的咨询公司盖洛普（Gallup）估计，目前有令人惊讶的 5700 万美国工人（占劳动年龄人口的 36%）在零工经济中工作。[14] 美联储也得出了类似的结论，尽管数字略低。[15] 美国劳工统计局（Bureau of Labor Statistics）的数字要低得多，估计有 10% 的美国工人受雇于可替代的工作安排。[16] 无论真实数字是多少，零工经济都正在对劳动力市场产生重大影响。其他失业率创历史新低的国家也经历了类似的情况。麦肯锡也使用了独立工作的宽泛定义，其 2016 年的一项研究发现，英国 36% 的劳动年龄人口是独立工作者。相应的数字在德国是 25%，瑞典是 28%，西班牙是 31%。[17] 尽管法国失业率居高不下，但独立工作者的数量也很高（30%），这主要是由于非常严格的劳动法。在中国，大约有 1.1 亿人活跃在零工经济中，他们主要是自由撰稿人、出租车司机、宠物保姆、直播主播或保洁员，约占劳动年龄人口的 15%。[18]

人们进入零工经济有很多原因。那些选择辞职的人喜欢独立性、灵活的工作时间，自己当老板，或者不想经历漫长的求职过程。但也有一些人根本没有选择，要么是因为经济拮据，要么是因为他们无法找到一份更传统的工作（比如有人被解雇了，他在寻找下一份工作时做了一名优步司机）。之前提到的麦肯锡的研究指出，大多数人（70%）是自愿成为独立工作者的，而其余的人则是不得已而为之。许多观察人士对这种演变持乐观态度，他们强调，那些独立工作的人——至少对那些自愿成为独立工作者的人来说——通常对自己的工作安排感到更幸福。他们可以自由选择工作时间和工作内容，这给了他们更多的灵活性来管理其他生活优先事项。

但这是一种短期观点。在零工经济中，虽然有些人，比如成功的自由职业者，可以过上很好的生活，但大多数零工工人最终都是低收入的工作，无论是涉及医疗保险、养老金、带薪休假、病假还是最低工资，几乎都没有社会保障。关于将这些工人归为独立合约员工还是雇员的争论在世界各地引发了许多法律纠纷。对于大多数低收入的零工工人来说，社会保障仍然不足。在他们二三十岁的时候，这可能不是他们关心的问题，但总有一天会的。几十年后，零工经济中的工人可能会成为政府的主要负担，因为他们退休时几乎没有积蓄，医疗账单也会不断上涨。另一个问题是，这些工人大多在各种零工工作中几乎没有学到什么：一个在职业生涯的前 10 年或 15 年里做优步司机的人如果需要开始另一份工作，那么在他 35 岁左右或 40 岁出头结束优步司机的职业生涯时几乎没有什么经验积累。

由于这些工作大多不稳定，学习机会很少，它们对一个国家的生产率（长期增长的主要驱动力）贡献甚微。而且，由于过去 10 年创造的大部分就业岗位都是在零工经济中创造的，因此它们在提高工资方面几乎没有起到什么作用。我们并不是说，过去几年失业率下降仅仅是因为零工经济的出现。由于经济自全球金融危机以来（在 2020 年跌入低谷以前）有所回升，失业人口减少了，但如果没有零工经济，那些失业人数不会降到历史低点。

一个多世纪以来，失业率一直被用作评估劳动力市场趋势的主要指标。但随着零工经济的兴起，这一指标需要重新解读。看起来，在未来的几年里，决策者将需要提出新的指标来更好地反映劳动力市场的状况。正如曾写过一本有关零工经济书的作者马里恩·麦戈文（Marion McGovern）解释的那样，“随着工人在停工期间可以通过数字平台获得额外的工作，我们对围绕商业周期的就业周期性本质的理解也可能发生转变，而这种做法在 30 年以前并不存在。”[19] 失业率创历史新低的国家的央行行长们需要认识到这些最新的事态发展。低失业率并不一定是经济过热或当前失业率低于充分就业率的信号。这不应该成为加息的自动触发点，这样做只会阻止经济体充分发挥其潜力。

不再是唯一的游戏，但仍然密切相关

货币政策是一个庞大的话题，庞大得当然不可能在几页之内就详尽阐述。中央银行的其他重要事项包括他们作为最后放贷人的角色，或者当资产价格不再反映市场参与者的理性行为时，他们识别并采取纠正行动以应对“泡沫”出现的能力。相反，本章的重点主要集中在通胀及其与失业的相互关系，这些话题对富国和穷国都有影响。

过去的十年，人们重新定义了货币政策。世界各地的中央银行被抛到了聚光灯下，并被赋予于彻底崩溃中拯救整个经济的重任，当他们手中的传统工具不再有效时，就会诉诸未经考验的政策，先是在 2008 年的次贷危机期间，然后是 2010 年的欧洲债务危机期间，现在是2020年的新冠肺炎疫情暴发期间。他们欣然接受了自己的新责任，并令人钦佩地做出了回应，向亟须流动性的经济体注入了流动性。财政政策也发挥了重要作用，受危机影响最严重的国家实施了大规模的支出计划。然而，任何财政政策，无论宣布得多快，都不可避免地会有一段时间滞后，直到它能够实施并发挥其效果。相比之下，短期利率的隔夜变动或大规模购买金融资产会产生直接后果，即除了其他事情之外，会影响借款成本和各种资产的价值。

然而，货币政策也存在时滞。这就是资金不通过经济流动的情况。如果银行不愿意放贷，企业不愿意投资，消费者不愿意消费，就会危及经济复苏。经济危机后的许多年，经济增长都很乏力。这并不是贷款、投资或消费模式永久性改变的结果；相反，这反映了那些经历了记忆中最惨痛经济危机的人们缺乏信心。

货币政策无法做到纠正全球失衡，即高储蓄国家将其过剩储蓄出口（而非国内投资）给其他本应增加储蓄的国家。正如前一章所指出的，这些失衡将继续存在。

或许金融危机给我们的最大教训是需要监管金融业，更具体地说，是银行。尽管危机前的政策关注的是单个银行保持资金流动性和偿债的能力，但几乎没有人注意到整个行业可能变得不稳定的传导风险。所谓的宏观审慎措施近年来已被深入讨论并逐步实施。这方面的例子包括限制贷款金额与资产价值的关系（比如抵押贷款不能超过房产价值的一定比例），或者限制债务与收入的关系。银行监管也在不同程度上得到了应用：虽然发达国家对银行的监管确实有所改善，但较贫穷国家往往缺乏一个全面的政策框架来应对不良贷款增长等系统性风险，无论这些贷款是否被正式分类。因此，新兴市场金融部门的系统性风险仍将较高。

结语

一个有价值的世界

本书探讨了文化价值观和政策的结合如何影响国家的经济绩效。国民工作越努力，其经济增长潜力就越大。国民储蓄的意愿和能力在很大程度上决定了一个国家能否通过投资和出口实现经济增长。信任是解释财富和收入不平等的一个关键因素。国民高度规避风险的经济将停滞不前。其他诸如家庭关系、诚实、谦逊、领导能力和组织能力等文化价值观也可能发挥一定作用。虽然这些价值观的确切贡献无法确定，但本书关注的是那些被认为对经济有最大影响的文化价值观。

确定这些文化价值观对于政策的有效性有很大的影响，但这些影响往往容易被忽视。人们可能认为，同样的政策适用于所有地方，并将产生同样的结果，但实际情况却并非如此。国民彼此互不信任的国家不会试图通过增税来减少不平等；增税只会导致更多的腐败行为，而不是降低不平等的程度。在一个民众渴望花掉大部分收入的社会，推动更多出口和投资也不太可能奏效。在一个人们不愿意冒险的社会，刺激消费的尝试将会产生令人失望的结果。

在本书所研究的各种文化价值观和政策中，勤奋和自由市场可能是最有利于经济增长的。我们无法想象有哪个国家的人口既勤劳（东亚、南亚或有新教传统的国家），又有繁荣的市场经济却贫穷。同样，也没有一个既没有市场经济又没有勤劳人民的国家曾经长期繁荣过，除了那些在其巨大而宝贵的自然资源方面管理良好的国家。但是，那些几乎完全依赖自然资源的国家，总有一天会为这些资源枯竭或不再有高需求而苦苦挣扎。具有最大经济增长潜力的国家是那些具备有利于经济增长的文化价值观，但未能执行正确政策的国家。

全球综述

亚洲的人口占世界人口的一半以上，朝鲜有潜力在一两代人的时间内成为第一世界国家。朝鲜人勤劳、节俭，受教育程度也比人们普遍认为的要好得多。[1] 有了正确的政策，生产和出口会迅速增长。忘掉火箭，解除制裁，加入世界贸易组织（WTO），实行急需的市场改革，试验自由贸易区，并严厉打击腐败。但不要盲目追求增长，以免引发失控的通胀。这个国家可以以它的中国盟友作为榜样，它所需要做的就是模仿。

其他具有儒家传统的国家的经济应该会继续强劲增长，除了日本，除非它能设法摆脱目前的瘫痪局面——这是其无力承担风险的结果。越南自 2007 年放弃计划经济并加入世贸组织以来取得了强劲的经济发展，如果它能使国内市场更具竞争力，并设法打击腐败，它的增长速度将会更快。马来西亚、印度尼西亚、泰国和菲律宾都有市场经济，但它们未来的经济增长受到了职业道德较弱和高度腐败的阻碍，而且也没有意愿或能力去解决这些问题。这些国家尽管过去 10 年经济增长强劲，但也将难以达到韩国、日本或中国台湾的发展水平。

南亚国家在过去 30 年里因放弃了计划经济模式而取得了巨大进步。然而，它们并没有全面实施市场经济，因此落后于东亚。尤其值得一提的是，印度的经济增长主要得益于服务业的崛起。与制造业相比，印度服务业受到的监管仍少得多，而制造业则受到大量规章制度的束缚，导致企业无法在自由和公平的市场竞争环境中运作和经营。

在其他地方，历史上信奉新教的北欧、北美和澳大利亚等国应该会继续表现良好，只要它们保持新市场的政策。瑞典等北欧国家的社会信任度可能会下降，因为它们接纳有着不同价值观的移民，这可能会给它们著名的高税收和社会分配模式带来潜在影响。然而，这不太可能成为现实（因为它们）已经采取措施限制移民流入，而移民在成功融入新社会后，会对老龄化社会做出积极贡献，从而减轻国家的财政负担。

俄罗斯一直在努力实现从计划经济向市场经济的转变。尽管人们普遍认为俄罗斯人勤劳且受过良好教育，但其经济几十年来管理不善，且严重依赖自然资源。大多数行业都被过度监管，效率低下。在钢铁行业和其他领域，许多技术上已经破产的公司，都是靠政府维持生存的。几乎没有人关注创新。当规则被扭曲和独断专行时，私营企业就无法公平竞争。腐败更是恣意滋长。俄罗斯的人才移居国外另谋高就，在那里他们的才能可以得到更好的认可。国际制裁和不断减少的人口也无助于解决问题。俄罗斯要想发挥其潜力，需要让私营企业在一个公平竞争的环境中运营，同时与国有企业竞争，并严厉打击腐败。东欧国家实现了惊人增长，首先是因为它们脱离了苏联集团，其次是因为加入欧洲单一市场（European Single Market）。然而，就像其他历史上的天主教国家一样，它们不太可能会赶上德国、荷兰或英国。

在全球金融危机之后，南欧终于摆脱了债务危机。然而，像 20 世纪七八十年代欧洲一体化时期那样，进一步赶上北欧邻国的可能性也不大。多年来困扰它们经济的问题，无论是由于不利于经济增长的价值观，还是由于政策薄弱，都可能继续存在。

政府将会改变，但这些国家最优秀的年轻人也将继续在境外找到比在国内更多的机会。

拉丁美洲和非洲的前景也不容乐观。可悲的是，无论制定什么政策，这些国家都不会成为真正的发达国家。排除那些主要依赖自然资源的经济体，它们所能期望的最好结果就是像智利这样的国家目前所取得的成就。智利是拉丁美洲最繁荣的国家，同时并非巧合的是，它在力行创造性破坏和公平竞争方面也最为突出。然而，尽管智利取得了种种成就，但其人均国内生产总值仍然比美国低四倍，比德国低三倍。拉美国家和非洲国家还存在社会信任度低和非正规部门庞大的问题，导致社会高度不平等。提高税收对消除不平等几乎毫无作用；更好的办法是推行有条件的现金援助。从更积极的方面来看，年轻人口（尤其是非洲）和强大的家庭纽带减少了养老金和医疗成本，而这两项成本是许多发达经济体政府部门日益沉重的负担。

过去几十年,非洲大陆的发展一直是人们密切关注的焦点。解释非洲为何落后的理论并不少见。如前所述，尽管大多数非洲人是在奴隶制度废除很久以后出生的，但奴隶贸易在形成对工作的价值观和态度方面发挥了至关重要的作用，特别是在受奴隶制影响最严重的国家。另一个历史因素——殖民历史——的后遗症就不那么清楚了：如果殖民历史真的是经济增长的障碍，那么新加坡今天仍将是一个港口城市，而从未被殖民过的利比里亚也不会是世界上最贫穷的国家之一。

其他流行的、更为乐观的理论则关注援助、国外贷款、地理或制度的建立，以提供那些据说可以推动许多非洲国家达到历史高度的解决方案。但如果真有灵丹妙药，难道我们现在还不知道吗？非洲由 54 个国家组成，它们的政策、政府、民族、气候以及入海通道都各不相同。这些国家（除了小小的塞舌尔）都没有进入世界上人均国内生产总值最高的 50 个国家之列，大多数国家都在名单的末尾。为什么它们没有成为另一个瑞典或德国？这并不是统计上的异常现象。整个非洲大陆一直在苦苦挣扎，而其将继续挣扎的原因就在于缺乏有利于经济增长的价值观，主要是缺乏强有力的职业道德，这一点一些非洲领导人也已经承认过。莫桑比克前总统阿曼多·格布扎（Armando Guebuza）曾抱怨“缺乏努力工作的习惯使得饥饿和贫困持续存在”以及“这个国家对工作的巨大冷漠”。[2] 博茨瓦纳自从获得独立以来，由于有能力利用丰富的自然资源以及塞雷切·卡马（Seretse Khama）的领导，该国在 20 世纪取得了惊人的经济发展，但最近却由于生产率低下（在很大程度上是由于糟糕的职业道德造成的）成了一个中等收入国家。世界经济论坛最近进行的一项全球调查显示，在博茨瓦纳运营的企业遇到的主要问题是当地工人缺乏职业道德，而不是融资渠道或薄弱的基础设施。事实上，博茨瓦纳员工的职业道德在 137 个国家中排名最后。[3] 2015 年，当地一所大学的教授哀叹民众的职业道德，认为其直接影响到“该国外国直接投资数量少。非洲时间综合征在博茨瓦纳人中是如此普遍，以至于‘博茨瓦纳不着急’这句话早已根深蒂固”。[4] 一项针对哈博罗华人商店的研究发现，不同的职业道德观念是如何导致中国老板抱怨当地店员工作不够努力，而店员则指责中国老板剥削他们。[5] 20 世纪 80 年代，当塞雷切·卡马的继任总统奎特·马西雷（Quett Masire）访问新加坡一家衬衫工厂时，他注意到，当博茨瓦纳工人生产出一件衬衫时，新加坡工人已经生产出了六件。这并不是因为先进的技术，而仅仅归结为一个简单的事实，即新加坡工人更勤奋。马西雷后来评论道：“这不是理论上的生产力，而是可以证明的生产力。当我们说自己没有效率时，这就是我们的意思。”马西雷将他同胞的低水平职业道德归因于百年的养牛传统。正如他所说：“大多数时候，牧民们都无所事事，而他们的牛则在灌木丛中懒洋洋地吃草。”[6] 这与在稻田里劳作的中国人截然不同。马西雷于 1995 年自行建立了以新加坡为基准的博茨瓦纳国家生产力中心，并请求新加坡政府帮助实施各种提高生产力的举措。不幸的是，这些和随后的努力没有产生多大的效果。对努力工作的态度或其他价值观是很难改变的。博茨瓦纳的劳动生产率自 20 世纪 90 年代以来就一直停滞不前。[7]

这并不是说非洲不能发展。事实上，许多非洲国家在过去

30 年里取得了惊人的发展。武装冲突正在减少，人均预期寿命、中小学入学率、疫苗接种水平以及供电普及率均有显著提高。尽管西方人不愿意承认,但中国在非洲发展中发挥了重要作用，在西方金融家纷纷撤出非洲之际，中国却在非洲投资。在不干涉内政的情况下帮助建设基础设施的中国模式使双方受益。发展最好的国家是那些拥有大量自然资源且管理良好的国家（加蓬和博茨瓦纳）,但其他不太依赖大宗商品的国家也发展得不错，比如埃塞俄比亚、卢旺达和加纳。

每个国家的增长曲线

我们太笼统了吗？我们真的能用几句话就概括一个国家的长期前景吗？也许我们过去笼统了，但我们仍然相信，价值观有着至关重要的作用，应该成为评估任何经济体增长潜力的起点。

经典的经济增长理论认为，每个国家都会沿着增长曲线经历一系列的发展阶段。假设每个国家都使用相同的增长曲线，如果决策正确，贫穷国家最终会赶上富裕国家。但现实是，每个国家都有自己的增长曲线，这在很大程度上取决于呈现其国民特征的价值观。由于价值观很少随时间变化而变化，不同的增长曲线会保持不变，因此意味着不同的增长潜力。由此得出的推论是，没有有利于经济增长的价值观的贫穷国家当然可以增长，但它们永远不会超过某个阶段（除非它们拥有宝贵的自然资源，并能物尽其用）。

许多新兴国家都陷入了中等收入陷阱。它们的经济增长到一定阶段后，就无法再进一步了。巴西和南非经常被援引为这种情况的案例。工资上涨导致出口竞争力下降，通常被视为这些国家陷入“停滞”的原因。但如果真是这样，中国台湾、韩国或新加坡也应该陷入中等收入陷阱。一些国家无法取得进一步发展的原因是，它们正在达到自身增长曲线的顶端。大多数拉丁美洲和非洲国家已经或可能陷入这种陷阱。但东亚、南亚和历史上信奉新教的国家，至少那些还没有达到现代经济地位的国家，应该避免陷入这种陷阱。正如李光耀曾经说过的：“如果你的文化不太重视学习和学识，不太重视勤奋和节俭，不太重视为了将来的收获而推迟现在的享受，那么（社会）进步就会慢得多。”[8]

独一无二的危机

当我们在 2020 年夏天写下这些文字时，世界仍被新冠肺炎疫情所肆虐，这场疫情夺去了数十万人的生命，影响到数百万人的生计。许多人失去了工作，也找不到新的工作。一些人挣扎在食物、药品和住所等基本必需品的困境中，特别是在低收入国家。

这场疫情深刻地改变了我们的生活方式和企业的经营方式。大多数国家实施的封锁迫使我们适应一个截然不同的现实：电子商务已经飙升；企业和公共行政部门正在加速其流程的数字化；实体文档正在向电子文档转变；远程办公已经成为许多员工的常态。在家办公并不总是可行，效率也不高。但总的来说，企业（公司）已经意识到，许多以前被认为需要实体呈现的功能也可以远程处理。新冠肺炎疫情挑战了我们抗拒改变的本能倾向。随着经济活动的恢复，一些改变可能是永久性的。在伦敦或纽约郊区的家中工作的人，可能和在班加罗尔、大连或华沙工作的人一样。为员工提供有价值的、可提升的技能以适应全球化和不断变化的世界，正变得越来越重要。

这次疫情还提醒人们，同样的政策在不同的地方可能会产生非常不同的结果。在本书中，我们讨论了社会信任度高的国家是如何在抗击病毒方面取得更大的成功，因为通常相互信任的人更有可能以考虑他人利益的方式行事，并遵循其当局的建议。流行病学家、政治学家、社会学家、经济学家和其他领域的专家应该考虑到，世界各地不同的人往往会如何有非常不同的行为。他们还应该相互交流：只有跨学科研究法才能增进我们对防治这一流行病的最佳方式的了解。

新冠肺炎疫情严重限制了人们的国际旅行和相互交流。“二战”以来冲突的明显减少，在很大程度上是人们走到一起，交换意见，并在冲突升级之前解决问题的结果。我们与不同国家、不同收入水平、不同文化以及不同民族背景的人们相互交流越多，我们就越能了解他们，并通过这个相互了解的过程充实自己。当国家边界大多处于关闭状态时的风险是，人们这些无法（或不愿）体验世界的人，可能会对是什么导致他人以某种方式行事产生误解。在地缘政治紧张局势加剧之际，愿意倾听他人意见，并在社会各阶层中交换意见，仍然是前进的最佳方式。

一个有价值的世界

在本书的开头，我们简要地描述了世界各地几个人的生活：在瑞典的安雅，她想知道是否还能相信他人；博茨瓦纳的店员卡拉博和她的中国老板陈太太。我们描述了她们成长过程中的不同价值观是如何引导其行为的。世界各地的人有不同的价值观，来自不同的背景，但他们也有很多共同点。他们都是同一个世界的一部分。他们都渴望美好的生活，尽管这对他们每个人意味着不同的东西。他们可能没有意识到这一点，但随着经济的增长，更可能拥有一个光明的未来，因为正是经济增长创造了财富和就业机会，会有更高的工资、受教育程度更高的劳动力、更好的医疗保健和令人舒适的养老金。这取决于他们的领导人能重视体现其社会特征的价值观和实施正确的政策，以确保国民有更好的机会去实现生活的目标，并真正相信人类所生活的世界是一个有价值的世界。

注 释

Prologue

1. The story is inspired by Zi Yanyin, *Iron Sharpens Iron: Social Interactions at China Shops in Botswana*, 2017; Zi Yanyin and Mogalakwe Monageng, *Decoding Relationships between Chinese Merchants and Batswana Shop Assistants: The Case of China Shops in Gaborone*, 2018

Introduction

1. Glenn Hubbard and Tim Kane, *Balance: The Economics of Great Powers from Ancient Rome to Modern America*, 2013.
2. Justin Yifu Lin, *The Quest for Prosperity: How Developing Economies Can Take Off*, 2013.
3. Joseph Henrich, Steven Heine, and Ara Norenzayan, *The weirdest people in the world?*, 2010.
4. Paul Collier, *The Bottom Billion: Why the Poorest Countries are Failing and What Can Be Done About It*, 2007.
5. Anthony Randazzo and Jonathan Haidt, *The Moral Narratives of Economists*, 2015.
6. Martin Ford, *Rise of the Robots: Technology and the Threat of a Jobless Future*, 2015.

Chapter 1

1. Robert J. Smith, *The Ethnic Japanese in Brazil*, 1979.
2. Matinas Suzuki Jr, *História da discriminação brasileira contra os japoneses sai do limbo in Folha de S. Paulo*, 2008 [in Portuguese].
3. Thomas H. Holloway, *Immigrants on the Land: Coffee and Society in São Paulo, 1886–1934*, 1980.
4. All coffee crops in the early 20th century were picked by hand. More recently, mechanized harvesting methods have been introduced, including in Brazil.
5. Ayumi Takenaka, *The Japanese in Peru: History of Immigration, Settlement, and Racialization*, 2004.
6. Donald Hastings, *Japanese Emigration and Assimilation in Brazil*, 1969; Robert J. Smith, *The Ethnic Japanese in Brazil*, 1979.
7. Jeffrey Lesser, *Negotiating National Identity: Migrants, Minorities, and the Struggle for Ethnicity in Brazil,* 1999.
8. Ibid.
9. Stewart Lone, *The Japanese Community in Brazil, 1908–1940: Between Samurai and Carnival*, 2001.
10. The data comes from Carlos Gradín, *Race and income distribution: Evidence from the US, Brazil and South Africa*, 2010 and was retrieved from the Brazilian National Household Survey in 2007. There is no distinction between Asians minorities, only an 'Asian' minority. Given that Japanese Brazilians represent the overwhelming majority of Asians in Brazil (around 80 percent according to the Brazilian Institute of Geography and Statistics, IBGE), we assume here that data on the Asian minority applies to the Japanese minority.
11. Gary Okihiro, *The Columbia Guide to Asian American History*, 2005.
12. Thomas Sowell, *Ethnic America*, 1981.
13. *Median Household Income in the Past 12 Months (in 2016 inflation-adjusted dollars)*, American Community Survey, 2016.
14. Eve Kushner, *Japanese-Peruvians Reviled and Respected: The Paradoxical Place of Peru's Nikkei*, 2007.
15. Ayumi Takenaka, *The Japanese in Peru: History of Immigration, Settlement, and Racialization*, 2004.
16. Alberto Fujimori was convicted of bribery and human rights violations. He has been jailed since 2009.
17. Oxford dictionary.
18. *Alexei Stakhanov: The USSR's superstar miner*, BBC Magazine, December 30, 2015.

19. We should bear in mind that there are various complications when applying these individual measures to an entire country and making international comparisons, including total hours worked versus total paid hours worked, full-time work versus full-time and part-time, and real exchange rates versus purchasing power parity.
20. The Conference Board Total Economy Database, 2018.
21. *Alexei Stakhanov: The USSR's superstar miner*, BBC Magazine, December 30, 2015.
22. World Values Survey Wave 6: 2010–2014.
23. Gordon Redding, *The Spirit of Chinese Capitalism*, 1993.
24. CIA World Factbook.
25. Gordon Redding, *The Spirit of Chinese Capitalism*, 1993 contains economic data on the Chinese community in various Southeast Asian countries in terms of market capitalization, privately-owned companies, and wealthiest individuals.
26. There are, unfortunately, few statistics available of ethnic Chinese population by province for countries in which the Chinese represent a significant portion of the overall population. In Southeast Asia, only Malaysia provides such data.
27. Gross domestic product per capita for each state is from the Department of Statistics Malaysia, State Socioeconomic Report 2018. The ethnic Chinese population by state is extracted from the 2010 Census (Malaysia performs a census every 10 years).
28. In 2016, American households of Chinese origin had a median income of $84,764, compared to $57,617 of United States median household income that same year (source: American Community Survey, United States Census Bureau).
29. *For Asians, School Tests Are Vital Steppingstones*, New York Times, October 26, 2012.
30. Median Household Income in the Past 12 Months, American Community Survey, United States Census Bureau, 2016.
31. CIA World Factbook.
32. See, for example, Min Zhan, *Assets, parental expectations and involvement, and children's educational performance*, 2005.
33. Herman Kahn, *World Economic Development: 1979 and Beyond*, 1979.
34. Arthur Henderson Smith, *Chinese Characteristics*, 1890.
35. Abraham Lu, William Dowell, and Winter Nie, *In the Shadow of the Dragon: The Global Expansion of Chinese Companies — and How It Will Change Business Forever*, 2012.

36. Quoted in John and Doris Naisbitt, *China's Megatrends: The 8 Pillars of a New Society*, 2010.
37. William H. Overholt, *China's Crisis of Success*, 2018.
38. Judith Djamour, *Malay Kinship and Marriage in Singapore*, 1959, quoted from Fook Kwang Han, Warren Fernandez, and Sumiko Tan, *Lee Kuan Yew, The Man and His Ideas*, 1998.
39. *A Conversation with Lee Kuan Yew*, Fareed Zakaria, 1994.
40. GDP per capita, current USD, the World Bank, 2019.
41. Angus Maddison, *The World Economy: Historical Statistics*, 2003; Cristobal Young, *Religion and Economic Growth in Western Europe: 1500–2000*, 2009.
42. Calvinists did believe in predestination, the idea that our fate is sealed, whatever our actions. But they also believed that certain signs could give an indication of whether someone was predestined for Heaven, such as a materialistically successful life.
43. See, for example, Sascha O. Becker and Ludger Wößmann, *Was Weber Wrong? A Human Capital Theory of Protestant Economic History*, 2007.
44. Nathan Nunn, *The Long-Term Effects of Africa's Slave Trades*, 2008.
45. Thomas Sowell, *The Economics and Politics of Race: An International Perspective*, 1983.
46. Quoted in Lawrence E. Harrison, *Who Prospers: How Cultural Values Shape Economic and Political Success*, 1992.

Chapter 2

1. *Those frugal Germans*, Deutsche Welle, November 26, 2012.
2. *Why are Germans so obsessed with saving money?*, Financial Times, March 22, 2018.
3. Ibid.
4. John Knowles and Andrew Postlewaite, *Do Children Learn to Save From Their Parents?*, 2004.
5. A more complete definition of household savings is disposable income less consumption, adjusted for the change in pension entitlement.
6. Luigi Guiso, Paola Sapienza, and Luigi Zingales, *Does Culture Affect Economic Outcomes?*, 2006.
7. Christopher D. Carroll, Byung-Kun Rhee, and Changyong Rhee , *Are There Cultural Effects on Saving? Some Cross-Sectional Evidence*, 1994.

8. Christopher D. Carroll, Byung-Kun Rhee, and Changyong Rhee, *Does Cultural Origin Affect Saving Behavior? Evidence from Immigrants*, 1998. The figure of 92 percent born in the United States is from the 1990 Census.
9. Paolo Masella, Hannah Paule-Paludkiewicz, and Nicola Fuchs-Schündeln, *Cultural Determinants of Household Saving Behavior*, 2017.
10. This could also be related to income levels or the number of children: migrants to Germany usually have lower incomes compared to German households and their children are more likely to end up with a lower income as well. Since low-income households save less, this may be more the result of income correlation between generations rather than due to how people value thrift. Migrants also tend to have more children, which could reduce their savings because of additional spending, and also because of the expectation that their children will financially support them in old age. But even after taking into consideration income levels, the number of children, and education level, among other factors, the savings rates of second-generation migrants remained similar to the ones of their country of origin.
11. Joan Costa-Font, Paola Giuliano, and Berkay Ozcan, *The Cultural Origin of Saving Behavior*, 2018.
12. Gross savings differ from net savings, which take into account asset depreciation. Net savings would appear to be the better indicator, but given the difficulty in estimating accurate depreciation values and the fact that data on gross savings rates is more readily available for most countries, throughout this chapter and this book we focus on gross savings rates.
13. Throughout the chapter, we consider that consumption includes government spending.
14. CIA World Factbook.
15. All national savings rates mentioned in this book are gross savings from the World Bank national accounts data and OECD National Accounts data files. Some of the rates are from 2017.
16. Mei Wang, Marc Oliver Rieger, and Thorsten Hens, *How Time Preferences Differ: Evidence from 45 Countries*, 2011.
17. Thrift does not fully explain these results. It could be that those with low incomes may not be able to afford to wait an additional month for that extra income. Another factor is trust: people in countries where trust is in short supply may have viewed this situation as a case of a smaller but certain amount of cash now versus a higher but less certain amount a month later.

18. Taha Choukhmane, Nicholas Coeurdacier, and Keyu Jin, *The One-Child Policy and Household Savings*, 2014.
19. Khaled A. Hussein and A. P. Thirlwall, *Explaining Differences in the Domestic Savings Ratio Across Countries: A Panel Data Study*, 1999.
20. Stefan Arendt and Wolfgang Nagl, *Unemployment Benefit and Wages: The Impact of the Labor Market Reform in Germany on (Reservation) Wages*, 2011.
21. CIA World Factbook, 2017 figures.
22. Fortune Magazine, November 2003 Issue.
23. Household savings, OECD Data, 2017.
24. Masahiko Nakazawa, Kazuaki Kikuta, and Yasutaka Yoneta, *The Saving Behavior of Elderly People in Japan: Analysis Based on Micro-Data from the National Survey of Family Income and Expenditure*, 2018.
25. Chadwick C. Curtis, Steven Lugauer, and Nelson C. Mark, *Demographics and Aggregate Household Saving in Japan, China, and India*, 2015.
26. John Maynard Keynes, *Essays in Persuasion*, 1930.
27. George Akerlof and Robert J. Shiller, *Phishing for Phools: The Economics of Manipulation and Deception*, 2015.
28. Ibid.
29. *Four dresses and a drone — are weddings getting out of control?*, BBC News, April 26, 2017.
30. National Financial Capability Study, FINRA, 2015.
31. Dean Karlan, Sendhil Mullainathan, and Benjamin N. Roth, *Debt Traps? Market Vendors and Moneylender Debt in India and the Philippines*, 2018.
32. Martin Rein and John Turner, *Public-Private Interactions: Mandatory Pensions in Australia, the Netherlands and Switzerland*, 2001.
33. Niall Ferguson, *The Ascent of Money: A Financial History of the World*, 2009.
34. Brigitte Madrian and Dennis Shea, *The Power of Suggestion: Inertia in 401(k) Participation and Savings Behavior*, 2001.
35. Global Findex database 2017, World Bank.
36. *Boosting domestic savings in Africa*, Africa Renewal (United Nations publication), October 2008.
37. *More People In The Developing World Are Getting Bank Accounts, But There's An Asterisk On That Progress*, The Huffington Post, April 15, 2015.
38. Global Findex database 2017, World Bank.
39. *Mobile financial services in Africa: Winning the battle for the customer*, September 2017, McKinsey & Company.
40. Abhijit V. Banerjee and Esther Duflo, *Poor Economics*, 2011.

Chapter 3

1. *SA court rules lockdown restrictions 'irrational'*, BBC News, June 3, 2020.
2. Sweden is an interesting case. It recorded fewer cases and deaths per capita compared to the likes of the United Kingdom, France, Italy, or Spain, but many more compared to other Nordic countries despite high levels of trust in others. This is often attributed to the absence of a lockdown, which probably did play a role. But another important factor is the large foreign population in Sweden where trust levels in others are much lower. Most infections occurred in migrant neighborhoods and most deaths were in elderly care homes, where visits were banned. The only way the virus could have spread in elderly care homes is through nurses and other staff, which in elderly care homes is disproportionally made up of migrant workers: according to the National Board of Health and Welfare, 28 percent of healthcare workers in elderly care homes are non-Swedish, rising to 55 percent in Stockholm. The majority of migrants originate from war-torn countries where trust in others is understandably much lower. They live in larger families, often do manual work that cannot be done from home (bus or taxi drivers, cleaning services, or security guards), may not have a good understanding of the Swedish language, and may have an oral tradition that favors receiving oral information from a known source over written communications.
3. See Steven F. Messner, Richard Rosenfeld, and Eric P. Baumer, *Dimensions of Social Capital and Rates of Criminal Homicide*, 2004 for the link between social trust and the crime rate in the United States. On the relation between social trust and happiness, see John F. Helliwell, Haifung Huang, and Shun Wang, *New Evidence on Trust and Well-being*, 2016. See also Yausharu Tokuda, Seiji Fujii, and Takashi Inoguchi, *Individual and Country-Level Effects of Social Trust on Happiness: The Asia Barometer Survey*, 2010 based on a study of 29 Asian countries.
4. Joyce Berg, John Dickhaut, and Kevin McCabe, *Trust, Reciprocity, and Social History*, 1995.
5. Edward Glaeser, David Laibson, Jose Scheinkman, and Christine Soutter, *Measuring trust*, 2000.
6. Among others: the Afrobarometer in Africa, the European Social Survey, the China General Social Survey, the General Social Survey in the United States, the Asian and East Asia Barometers, and Latinobarometro in Latin America.
7. Ryan E. Carlin, Gregory J. Love, and Conal Smith, *Measures of interpersonal trust: Evidence on their cross-national validity and reliability based on surveys and experimental data*, 2017.

8. The only country that comes close to Sweden is China, but as we have discussed in an earlier chapter, when asked the question of whether they generally trust others, many Chinese respondents believe that the question relates to people they already know.
9. European Social Survey, Round 8 (2016).
10. Richard Traunmüller, *Moral Communities? Religion as a Source of Social Trust in a Multilevel Analysis of 97 German Regions*, 2011.
11. T. F. G Brinkman, *Religion and Social trust in the Netherlands*, 2014; Maryam Dilmaghani, *Religiosity and social trust: evidence from Canada*, 2016.
12. *Americans and Social Trust: Who, Where and Why*, 2006, Pew Research Center.
13. Lars Torpe and Henrik Lolle, *Identifying Social Trust in Cross-Country Analysis: Do We Really Measure the Same?*, 2011.
14. Confederation of Industry survey, 2011.
15. Eric M. Uslaner, *Where You Stand Depends upon Where Your Grandparents Sat: The Inheritability of Generalized Trust*, 2008. See also Robert D. Putnam, *Bowling Alone: The Collapse and Revival of American Community*, 2000.
16. Yann Algan and Pierre Cahuc, *Inherited Trust and Growth*, 2010.
17. Thomas Cusack, *On the road to Weimar? The political economy of popular satisfaction with government and regime performance*, 1997.
18. World Values Survey Wave 6, 2010–2014.
19. Alberto Alesina and Eliana La Ferrara, *Who trusts others?*, 2002.
20. See, for example, Paul J. Zak and Stephen Knack, *Trust and Growth*, 2001.
21. Stephen Knack, *Social Capital and the Quality of Government: Evidence from the States*, 2002.
22. General Social Survey; Thomas Piketty, *Capital in the Twenty-First Century*, 2013.
23. *Long-Term International Migration into and out of the UK by citizenship, 1964 to 2015*, Office for National Statistics, 2016. It would have been useful to observe social trust in London compared to other cities or regions in the United Kingdom since most migrants settled in London, but unfortunately such data is unavailable.
24. Data on social trust among various communities in the United States is surprisingly difficult to find. The General Social Survey does not consider Hispanics as a race, but as an ethnic group; as such it incorporates them into White and Black categories. The Pew Research Center does provide a distinction between Whites, Blacks, and Hispanics. Data from the United Kingdom is even more limited as survey respondents on social

trust are not categorized according to their ethnic group. We have compared the ethnic diversity of the United Kingdom population between 1990 and 1999 and assigned a social trust percentage to minorities based on their country of origin to derive a national weighted average.

25. Robert Putnam, *E Pluribus Unum: Diversity and Community in the Twenty-first Century*, 2007; Maurice Gesthuizen, Tom Van Der Meer, and Peer Scheepers, *Ethnic Diversity and Social Capital in Europe*, 2009. A large part of the discussion focuses on the concept of social capital, which, apart from social trust, often includes participation in voluntary organizations, meeting with various social groups, and donations. See also Debby Gerritsen and Marcel Lubbers, *Unknown is unloved? Diversity and inter-population trust in Europe*, 2010 for a discussion on the impact of cultural distance on social trust in Europe.
26. Alberto Alesina and Eliana La Ferrara, *Who trusts others?*, 2002.
27. Sweden Statistics (SCB).
28. *The shifting sands of Sweden's immigration debate*, The Local SE, June 26, 2018.
29. *Seeking asylum — and jobs*, The Economist, November 5, 2016.
30. *Northern lights*, The Economist, February 2, 2013.
31. See, for example, Magnus Carlsson and Dan-Olof Rooth, *Evidence of ethnic discrimination in the Swedish labor market using experimental data*, 2006.
32. *In Sweden, Riots Put an Identity in Question,* New York Times, May 26, 2013.
33. Karl McShane, *Getting used to diversity? Immigration and trust in Sweden*, 2017.

Chapter 4

1. Charles A. Holt and Susan K. Laury, *Risk Aversion and Incentive Effects*, 2002.
2. World Values Survey Wave 6: 2010–2014, V76. The actual question is whether respondents identify with a person who is adventurous and takes risks. The two negative answers ('Not like me' and 'Not at all like me') are grouped together to describe risk-averse persons.
3. Armin Falk, Anke Becker, Thomas Dohmen, Benjamin Enke, David Huffman, and Uwe Sunde , *Global Evidence on Economic Preferences*, 2018.
4. World Values Survey Wave 6 and 2018 GDP per capita in current US$ as per the World Bank. The correlation coefficient comes out to 0.22.

5. Luigi Guiso, Paola Sapienza, and Luigi Zingales, *Time Varying Risk Aversion*, 2018.
6. Yihui Pan, Stephan Siegel, and Tracy Yue Wang, *The Cultural Origin of Preferences: CEO Cultural Heritage and Corporate Investment*, 2014.
7. See Holger Bonin, Amelie Constant, Konstantinos Tatsiramos, and Klaus F. Zimmermann, *Native-Migrant Differences in Risk Attitudes*, 2006 for a review of German first and second-generation migrants and their attitudes towards risk.
8. For an overview see Christoph S. Weber, *Cultural Differences in Risk Tolerance*, 2013.
9. Jaimie Sung and Sherman D. Hanna, *Factors Related to Risk Tolerance*, 1997.
10. See, for example, Catia Batista and Janis Umblijs, *Migration, Risk Attitudes, and Entrepreneurship: Evidence from a Representative Immigrant Survey*, 2014.
11. Areendam Chanda and Bulent Unel, *Do Attitudes toward Risk Taking Affect Entrepreneurship? Evidence from Second-Generation Americans*, 2019.
12. Investment share of purchasing power parity converted GDP per capita at constant prices for Japan (Source: Federal Reserve Bank of St. Louis).
13. *Japan Inc. sitting on ¥506.4 trillion mountain of cash*, The Japan Times, September 3, 2019. Investment, or gross capital formation, represented 25 percent of GDP in 2018 according to the Ministry of Finance.
14. *Risk On*, The Economist, March 15, 2014.
15. OECD Factbook, 2015–2016.
16. *Back to reality*, EY global venture capital trends 2015.
17. Doing Business, The World Bank, June 2017. See also Clyde Prestowitz, *Japan Restored: How Japan Can Reinvent Itself and Why This Is Important for America and the World*, 2015.
18. Global Entrepreneurship Monitor 2017/2018.
19. *Japan's chance to replicate Silicon Valley dogged by risk aversion: Abe*, Bloomberg, May 2, 2015.
20. Tomoko Namba, quoted in Brian Salsberg, Clay Chandler, and Heang Chhor, *Reimagining Japan: The Quest for a Future that Works*, 2011.
21. Clyde Prestowitz, *Japan Restored: How Japan Can Reinvent Itself and Why This Is Important for America and the World*, 2015.
22. Ulrike Malmendier and Stefan Nagel, *Learning from Inflation Experiences*, 2016. See also Ulrike Malmendier and Stefan Nagel, *Depression Babies: Do Macroeconomic Experiences Affect Risk Taking?*, 2011.

23. The Annual Report on European SMEs, 2017–2018.
24. *The future of SME banking: Minds made for redefining financial services*, Ernst & Young, December 2018.
25. *SMEs in Europe lack an estimated 400bn of bank-financing*, Euler Hermes study, April 2019.
26. *SME financing in the euro area*, Deutsche Bank Research, 2014.
27. *Return on Average Equity for all U.S. Banks*, Federal Reserve Bank of St. Louis.
28. *Return on equity in Nordic banking sector 2011–2016*, Bank of Finland Bulletin; *The profitability of banks in a context of negative monetary policy rates: the cases of Sweden and Denmark*, European Central Bank, August 2017.
29. *Global Bank Job Cull Tops 75,000 This Year as UniCredit Cuts*, Bloomberg News, December 3, 2019.

Chapter 5

1. Jonathan Power, *Ending War Crimes, Chasing the War Criminals*, 2017.
2. Robert J. Barro, *Democracy & Growth*, 1994.
3. See, for example, Dani Rorik and Romain Wacziarg, *Do Democratic Transitions Produce Bad Economic Outcomes?*, 2005 or, more recently, Daron Acemoglu, Suresh Naidu, Pascual Restrepo, and James A. Robinson, *Democracy Does Cause Growth*, 2016.
4. Ari Aisen and Francisco Jose Veiga, *How Does Political Instability Affect Economic Growth?*, 2011. See also Alberto Alesina, Sule Ozler, Nouriel Roubini, and Phillip Swagel, *Political instability and economic growth*, 1996; Richard Jong-A-Pin, *On the Measurement of Political Stability and its Impact on Economic Growth*, 2009.
5. Paul Collier and Nicholas Sambanis, *Understanding Civil War*, 2002.
6. Paul Collier and Anke Hoeffler, *Murder by Numbers: Socio-Economic Determinants of Homicide and Civil War*, 2004.
7. Edward Miguel, Sebastian M. Saiegh, and Shanker Satyanath, *Civil War Exposure and Violence*, 2011.
8. For an overview, see Michael Bleaney and Arcangelo Dimico, *Ethnic Diversity and Conflict*, 2016.
9. Paul Collier, *The Bottom Billion: Why the Poorest Countries are Failing and What Can Be Done About It*, 2007.
10. Nathan Nunn, Nancy Qian, and Jaya Wen, *Distrust and Political Turnover*, 2017.

Chapter 6

1. Alejandro Foxley, *Successes and Failures in Poverty Eradication: Chile*, 2004.
2. Michael Margitich, *The 1982 Debt Crisis and Recovery in Chile*, 1999; Ricardo Ffrench-Davis, *Is Chile a Role Model for Development*, 2015.
3. La Tribune, March 17, 2013 [in French].
4. *Zombie Hordes: Thousands of Japanese Firms Dodging Bankruptcy*, Bloomberg, March 13, 2017.
5. Ricardo J. Caballero, Takeo Hoshi, and Anil K. Kashyap, *Zombie Lending and Depressed Restructuring in Japan*, 2008.
6. *Japan aims to double service-sector productivity growth*, Nikkei Asian Review, March 4, 2016.
7. *Japan's top convenience stores dominate like never before*, Nikkei Asian Review, July 23, 2014.
8. Cheng Han Tan, Dan W. Puchniak, and Umakanth Varottil, *State-Owned Enterprises in Singapore: Historical Insights into a Potential Model for Reform*, 2015.
9. Carlos Ramirez and Ling Hui Tan, *Singapore, Inc. Versus the Private Sector: Are Government-Linked Companies Different?*, 2003.
10. Joseph Schumpeter, *Capitalism, Socialism and Democracy*, 1942.
11. See Joe Studwell, *How Asia Works: Success and Failure in the World's Most Dynamic Region*, 2014 for an excellent overview of how East Asian economies developed in the 20th century.
12. *Yearbook of Statistics Singapore, 2017.*
13. Guillaume Duteurtre, Mbène Dieye Faye, and Papa Nouhine Dieye, *L'agriculture sénégalaise à l'épreuve du marché*, 2010; François-Xavier Branthôme, *Sénégal: une filière en grande difficulté*, 2018 [in French].
14. International Food Policy Research Institute, *Substituting for rice imports in Ghana*, 2014.
15. Simeon Djankov, Caroline Freund, and Cong S. Pham, *Trading on Time*, 2010
16. *The rise and fall of Britain's steel industry*, BBC News, May 22, 2016.

Chapter 7

1. *Die Talentiertesten wollen Lehrer werden*, Süddeutsche Zeitung, December 27, 2010 [in German].

2. Hannu Simola, Jaakko Kauko, Janne Varjo, Mira Kalalahti, and Fritjof Sahlström, *Dynamics in Education Politics and the Finnish PISA Miracle*, 2017.
3. Hannu Simola, *The Finnish Education Mystery: Historical and Sociological Essays on Schooling in Finland*, 2015.
4. The petition can be found (in English) at: https://matematiikkalehtisolmu.fi/2005/erik/PisaEng.html.
5. Hannu Simola, *The Finnish miracle of PISA: Historical and sociological remarks on teaching and teacher education*, 2005.
6. *Lighting your way to a better future*. Speech delivered by Nelson Mandela at the launch of Mindset Network, July 16, 2003.
7. Amartya Sen, *Development as Freedom*, 1999.
8. UNESCO Institute for Statistics, 2017.
9. *Government expenditure on education, total (% of GDP)*, The World Bank, using data from the UNESCO Institute of Statistics.
10. *The US spends more on education than other countries. Why is it falling behind?*, The Guardian, September 7, 2018.
11. *Homework for all*, The Economist, December 10, 2016.
12. Education at a Glance, OECD, 2017.
13. Esther Duflo, Pascaline Dupas, and Michael Kremer, *School Governance, Teacher Incentives, and Pupil-Teacher Ratios: Experimental Evidence from Kenyan Primary Schools*, 2014.
14. *Tuition madness, Gangnam style*, TODAY, November 16, 2013.
15. *Parents in Spain go on homework strike*, BBC News, November 4, 2016.
16. Thomas L. Friedman, *The World is Flat: A Brief History of the Twenty-first Century*, 2006.
17. *Does homework perpetuate inequities in education?*, OECD, 2014.
18. Joshua D. Angrist, Parag A. Pathak, and Christopher R. Walters, *Explaining Charter School Effectiveness,* 2013; *KIPP's explosive growth came with slight dip in performance, study says*, Washington Post, September 17, 2015.
19. Raj Chetty, John N. Friedman, Nathaniel Hilger, Emmanuel Saez, Diane Whitmore Schanzenbach, and Danny Yagan, *How Does Your Kindergarten Classroom Affect Your Earnings? Evidence from Project STAR*, 2011.
20. See, for example, Susanna Loeb and Marianne E. Page, *Examining the Link Between Teacher Wages and Student Outcomes: The Importance of Alternative Labor Market Opportunities and Non-Pecuniary Variation*, 2000.
21. Ernesto Dal Bó, Frederico Finan, and Martín Rossi, *Strengthening State Capabilities: The Role of Financial Incentives in the Call to Public Service*, 2013.
22. 2013 Global Teacher Status Index, Varkey GEMS Foundation.

23. 2013 OECD Teaching and Learning International Survey.
24. Ibid.
25. *School teacher sets record for missing 23 of 24-year teaching career*, First-Post, August 25, 2014.
26. Nazmul Chaudhury, Jeffrey Hammer, Michael Kremer, Karthik Muralidharan, and F. Halsey Rogers, *Missing in Action: Teacher and Health Worker Absence in Developing Countries*, 2006.
27. Esther Duflo, Rema Hanna, and Stephen P. Ryan, *Incentives Work: Getting Teachers to Come to School*, 2010.
28 *How many children are not in school?*, The World Bank, January 23, 2019.
29. *World Inequality Database in Education*, 2014 based on the *2010 Burundi Demographic and Health Survey.*
30. David Evans, Michael Kremer, and Muthoni Ngatia, *The Impact of Distributing School Uniforms on Children's Education in Kenya*, 2009.
31. Richard Dobbs, James Maniyka, and Jonathan Woetzel, *No Ordinary Disruption*, 2015.
32. Kyle Fee, Matt Klesta, and Lisa Nelson, *Addressing Employment Needs through Sector Partnerships: Case studies from across the Federal Reserve's Fourth District*, 2016.

Chapter 8

1. *Mobutu's Village Basks in His Glory*, New York Times, September 29, 1988; *Leaving Fire in His Wake*, Time Magazine, June 24, 2001; *Where Concorde once flew: The story of President Mobutu's 'African Versailles'*, The Guardian, February 10, 2015.
2. Robert I. Rotberg, *The Corruption Cure: How Citizens and Leaders Can Combat Graft*, 2017.
3. Bo Rothstein and Eric M. Uslaner, *All for All: Equality, Corruption and Social Trust*, 2006.
4. Raymond Fisman and Edward Miguel, *Cultures of Corruption: Evidence From Diplomatic Parking Tickets*, 2007.
5. *Kenyans have had it with corruption. Their leaders may finally be doing something about it*, Washington Post, July 17, 2018.
6. Robert I. Rotberg, *The Corruption Cure: How Citizens and Leaders Can Combat Graft*, 2017.
7. Paul Collier, *Growth Strategies for Africa*, 2007.
8. Transparency International Corruption Perceptions Index, 2019.

9. T. N. Ninan, *Turn of the Tortoise: The Challenge and Promise of India's Future*, 2017.
10. Ibid.
11 Ritva Reinikka and Jakob Svensson, *Fighting Corruption to Improve Schooling: Evidence from a Newspaper Campaign in Uganda*, 2005.
12. Business Insider India, August 28, 2013.
13. T. N. Ninan, *Turn of the Tortoise: The Challenge and Promise of India's Future*, 2017.

Chapter 9

1. The GINI index for Peru, which measures income inequality, went from 0.50 in 2005 to 0.43 in 2017 (source: Federal Reserve Bank of St. Louis). Nicola Anne Jones, Rosana Vargas, and Eliana Villar, *Cash Transfers to Tackle Childhood Poverty and Vulnerability: An Analysis of Peru's Juntos Programme*, 2008; Elizaveta Perova and Renos Vakis, *Welfare Impacts of the "Juntos" Program in Peru: Evidence From a Non-Experimental Evaluation*, 2009.
2. Sara J. Solnick and David Hemenway, *Is more always better?: A survey on positional concerns*, 1997.
3. Sumit Agarwal, Vyacheslav Mikhed, and Barry Scholnick, *Does the Relative Income of Peers Cause Financial Distress? Evidence from Lottery Winners and Neighboring Bankruptcies*, 2018.
4. Richard Easterlin, *The Economics of Happiness*, 2004.
5. Katherine A. DeCelles and Michael I. Norton, *Physical and situational inequality on airplanes predicts air rage*, 2016.
6. Mathias Trabandt and Harald Uhlig, *The Laffer curve revisited*, 2011; Alejandro Badel and Mark Huggett, *The sufficient statistic approach: Predicting the top of the Laffer curve*, 2017.
7. French Finance Ministry, 2015.
8. Kiridaran Kanagaretnam, Jimmy Lee, and Chee Yeow Lim, *Societal Trust and Corporate Tax Avoidance*, 2013.
9. The correlation comes from Henrik Jacobsen Kleven, *How Can Scandinavians Tax So Much?*, 2014 in which Figure 6 Panel A compares Tax/GDP ratio as the share of tax revenue in a given country's nominal GDP in 2012 (source: Index of Economic Freedom, Heritage Foundation) to the weighted-average survey response to the question of whether most people can be trusted, on a binary scale (source: World Values Survey).
10. World Values Survey, 2015.

11. Richard H. Thaler and Shlomo Benartzi, *Save More Tomorrow™: Using Behavioral Economics to Increase Employee Saving*, 2004.
12. By some accounts, Sub-Saharan Africa has also seen a slight decrease in income inequality. See, for example, Evridiki Tsounta and Anayochukwu I. Osueke, *What is Behind Latin America's Declining Income Inequality?*, 2014, International Monetary Fund Working Paper.
13. *Burden sharing*, The Economist, January 20, 2014.
14. *Latin America remains the most unequal region in the world*, OXFAM, December 19, 2017.
15. Marco Stampini and Leopoldo Tornarolli, *The Growth of Conditional Cash Transfers in Latin America and the Caribbean: Did They Go Too Far?*, 2012.
16. Sergei Soares, Rafael Osorio, Fabio Veras Soares, Marcelo Medeiros, and Eduardo Zepeda, *Conditional Cash Transfers in Brazil, Chile and Mexico: Impacts upon Inequality*, 2009.
17. Marco Stampini and Leopoldo Tornarolli, *The Growth of Conditional Cash Transfers in Latin America and the Caribbean: Did They Go Too Far?*, 2012.

Chapter 10

1. *A worthless currency*, The Economist, July 17, 2008.
2. *Who wants to be a trillionaire?*, The Economist, May 12, 2016.
3. *Zimbabwe to defer release of inflation figures, economy to contract in 2019 — finance minister*, Reuters, August 1, 2019.
4. Small nations with a limited domestic market often fix their currency to another (or a basket of other currencies). For example, Hong Kong pegs its currency to the US dollar. Singapore uses a weighted-average exchange rate and adjusts it within an undisclosed range. Botswana uses a crawling peg that focuses on the difference between the local inflation rate and the inflation rate of its main trading partners. All these nations require sizable foreign currency reserves to ensure the sustainability of their monetary policy.
5. Internal Reserves and Foreign Currency Liquidity, International Monetary Fund, January 2020.
6. See, for example, Eldar Shafir, Peter Diamond, and Amos Tversky, *Money Illusion*, 1997.
7. Robert J. Shiller, *Why Do People Dislike Inflation?*, 1997.
8. Stated differently, their expectation about future price increases moves above zero.

9. George A. Akerlof, William T. Dickens, and George L. Perry, *Near-Rational Wage and Price Setting and the Long-Run Phillips Curve*, 2000.
10. David G. Blanchflower, *Not Working: Where Have All the Good Jobs Gone?*, 2019.
11. The numbers quoted for Lyft, Didi Chuxing, Airbnb, and Grubhub are available on their website; *'I made $3.75 an hour': Lyft and Uber drivers push to unionize for better pay*, The Guardian, March 22, 2019. The number of Airbnb hosts is not disclosed, only the number of listings; one host can have multiple listings.
12. According to the Bureau of Labor Statistics, as of June 2019, there were 9.1 million unemployed persons for an unemployment rate of 3.7 percent.
13. Lawrence F. Katz and Alan B. Krueger, *The Rise and Nature of Alternative Work Arrangements in the United States, 1995–2015*, 2016.
14. Shane McFeely and Ryan Pendell, *What Workplace Leaders Can Learn From the Real Gig Economy*, 2018.
15. *Report on the Economic Well-Being of U.S. Households in 2017*, Federal Reserve, May 2018.
16. *Contingent and Alternative Employment Arrangements Summary*, Bureau of Labor Statistics, June 2018.
17. *Independent Work, Choice, Necessity, and the Gig Economy*, McKinsey Global Institute, October 2016.
18. *Labor force in China from 2006 to 2016*, Statista, October 2017.
19. Marion McGovern, *Thriving in the Gig Economy: How to Capitalize and Compete in the New World of Work*, 2017.

A Valuable World

1. In *A Capitalist in North Korea: My Seven Years in the Hermit Kingdom* (2014), Swiss entrepreneur Felix Abt describes his seven years working in North Korea. An educated workforce is seen as key to the survival of the nation. Aside from nationalism and ideology, mathematics, science, and languages feature prominently in school curriculums. North Korea would not be launching nuclear missiles or hacking into foreign mainframe computers without a highly educated elite.

2. *How Africa is Creating Welfare States*, The Economist, February 23, 2019.
3. *2017–2018 Global Competitiveness Report*, World Economic Forum.

4. Christian John Makgala, *There is no hurry in Botswana: Scholarship and stereotypes on "African time" syndrome in Botswana, 1895–2011*, 2015.
5. Yanyin Zi and Monageng Mogalakwe, *Decoding Relationships Between Chinese Merchants and Batswana Shop Assistants: the Case of China Shops in Gaborone*, 2018.
6. *Batswana have the worst work ethic in the world*, Sunday Standard, October 20, 2017.
7. *Total Factor Productivity at Constant National Prices for Botswana*, Federal Reserve Bank of St Louis, 1989–2014.
8. *A Conversation with Lee Kuan Yew*, Fareed Zakaria, 1994.

致　谢

这本书献给我们在世界各地的家庭和公司团队成员。

这本书的大部分内容完成于2019冠状病毒疫情大暴发期间。不能旅行虽然限制了我们的行动，但同时也给了我们一个机会，让我们集中思想，以确保我们可以充分利用这些极不寻常的时间。

竞辉希望感谢Michelle、Brian、Kylie和Sarah，是他们让他继续前行。没有什么比他的父母和兄弟姐妹传递给他的价值观更重要的了，这也是他祈祷他的孩子们也能继承的价值观。

托马斯也非常感谢这些年一直支持他的家人们：Yvonne、Monique、Nathalie和Pierre。没有他们，就不可能有这本书。

与此同时，我们要共同感谢为这本书提供宝贵反馈意见的同事和朋友们，特别是Manuel Aros、Philip Goetz、Rajat

Maroo、Reiko Yamagishi、Taisuke Imaizumi、陈小军、Andy Kalusivikako、Vanessa Wang、Andy Cheng、Fion Sim、Jean-Baptiste Michau、Zachary Wang、Juliana Chan 博士和 KaiSyng Tan 博士。

最后，我们非常感谢世界科学出版社的整个团队，特别是 Chua Hong Koon 和 Lai Ann，感谢他们的支持和非常高效的出版过程。